聖經大祕密

埃里克・戴尼馬勒（Éric Denimal）◎著
繆詠華◎譯

好讀出版

《聖經》——宛若阿里巴巴的寶窟

埃里克·戴尼馬勒

《聖經》是自發明印刷術以來印量最多的書，而且毫無疑問，也必定會一直保持著全球最暢銷、翻譯版本最多書籍的紀錄。總體來說，整部《聖經》共被翻譯成四百零五種語言，至於《新約聖經》(即以〈福音書〉啟始的《聖經》第二部分）則被翻譯成一千零四十種語言及各種方言。二〇〇四年，「易普索（Ipsos）市調公司」曾針對法國某家大型公營企業的客戶做過調查，詢問他們心目中最重要的書籍為何。結果，《聖經》名列第一，領先雨果的《悲慘世界》與聖-修伯里的《小王子》。

這就證明了《聖經》不但深深吸引著讀過它的眾多讀者，即使對尚未接觸過它的人來說，也是部最引人入勝的書。這點可真弔詭啊！此外，長久以來《聖經》也不斷引起爭議，現代文學更大言不慚地指稱《聖經》根本就是部依各政權需要，或多或少刻意虛構、扭曲、操弄、偽造出來的書。

至於《聖經》中的某些人物，比方說亞當、亞伯拉罕、摩西或是參孫（Samson），許多史學家、甚至連神學家都懷疑他們從未真正存在過，純粹是後世虛構想像才逐漸塑造出來的產物。

即便有這些不同的聲音，《聖經》的參考價值依然屹立不搖。唯有好好吸取《聖經》中對「基督—猶太」根源的解釋，方能對祖先留下的遺產多所了解。這種孕育了好幾種文明的根源，深植歐洲靈魂的最纖細處。對所有基督宗教信徒而言，無論家中的心靈信仰為何（天主教、東正教、基督新教、英國聖公會或福音派），《聖經》也是——而且自然而然就成為——一部最重要的典籍。至於許多或多或少雖具宗教性質，但外界卻難以一窺堂奧或具神祕色彩的團體來說（諸如：耶和華見證人教會、某些共濟會和聖殿騎士團……等），《聖經》的地位也無比重要。

《聖經》詳述世界起源。如同其他重要資訊來源一般，《聖經》經文開宗明義便提出了對宇宙與生物誕生的解釋；接著，便敘述起一個家族的歷史，該家族往後將壯大成為支族，而且很快地又會成為國家：以色列。《聖經》第一部分概述最初被稱為希伯來人的猶太人的歷史，這部分是由《摩西五經》、「歷史書」和預言猶太人命運的「先知書」所組合而成①。基督信徒稱這部分為《舊約聖經》，或《聖經前部》。《聖經》的第二部分對基督信徒而言更是舉足輕重，因為裡面記載著有關耶穌基督與其門徒的事蹟，也敘述了基督宗教之發軔。這便是《新約聖經》。

《舊約聖經》乃用詞生動別緻之古老篇章，既有新奇特異的故事，也有令人屏息的傳記，怪的是，箇中情節竟會既具現代性又神祕莫測。本書要談的就是一些《聖經》大祕密，此外也會談些其他驚心動魄的玄奧篇章，甚至還會在接下來的扉頁中抽絲剝繭，予以解碼。

不過，要想深入了解這些內容，首先必須假設《聖經》是可信的。在尚未對《舊約》經文進行探索之前，讀者諸君當以相信這些經文本身為出發點方是。確實沒錯，倘若對每一則選出的故事的真實性均持懷疑態度的話，那麼就再也無法探討些什麼，更遑論解碼了，反正這一切本來就很啟人疑竇啊！

好比說，我們會花點時間在該隱謀害亞伯的謎團上。倘若一開始就認定這樁不幸事件只不過是個神話，從未真的發生過，那麼很顯然地，也就沒什麼好探索釐清了，反正不就是個用來警惕世人的美好騙局罷了嘛！因而，我們寧願將假設作為探索工具，把經文敘述某殘酷事件所想傳達的訊息給挖掘出來。因為這正是《聖經》其中一個不變的真理：《聖經》之所以會敘述人類的冒險事件，就是為了教誨人類全體；《聖經》之所以會解釋某種狀況，就是為了提醒千秋萬代能記取教訓。

毫無疑問，先知保羅心裡八成就是這麼想的，這位《新約》中好幾封重要信函的作者（就理論而言，應該是他口述的），曾對朋友提摩太寫道：「所有文字均受到上帝啟發，並且用於教導真理，駁斥錯誤，改正缺點，樹立正確生活態度，以期人類順應上帝旨意，做好完善準備及圓滿裝備，以成全良美善行。」

所以接下來我們在本書中所要探討的也是《舊約》中最令人嘖嘖稱奇、最引人入勝、最富教育性的幾則故事，同時也會注意避免流於變成經文釋義的初步教理入門。不過別忘了，必須對信仰採取相當開放的態度，方能浸淫於《舊約》的氛圍之中。《舊約》——毋庸置疑，無論就其智慧或就其異想皆然——除了是座文學紀念碑、是察覺人性之美妙泉源外，也是三大一神論宗教——即猶太教、回教和基督教——部分或全然賴以奠基之典籍。

在此就先介紹一下本書中各章節的安排情形。一上來，筆者會先以歷史小說方式去敘述某段《聖經》故事，接著就對該篇經文及意義提出疑問，然後就會優先透過《聖經》本身去尋求解答。的確，《聖經》並非光僅止於敘述人們的冒險事蹟，也有助於解密，而且《聖經》本身就會提出解釋，只不過有時會相距好幾世紀罷了。因而讀者會看到，雖然〈創世記〉並沒對亞伯為哥哥該隱所殺的殘忍篇章提出什麼評論，但在好幾世紀後，在先知保羅於耶穌基督死後所寫的一封信中，卻對這個悲劇提出了看法。

所以，我們應該試著透過《聖經》去理解《聖經》，依循《聖經》前後各作者的原則，藉由《聖經》本身去解釋經文中看似弔詭、矛盾之處。《聖經》——本就是座獨一無二的知識寶庫。

接著本書還會提出問題，看看讀者諸君如何探知謎底與答覆難題，可是有時探討出來的解釋反而又造成了另個無解的……至少目前尚無解的……《聖經》大祕密！

註：本書所引用之《聖經》經文多半摘自最新的法文版本，尤以《大公譯本聖經》（TOB）②、《思高新版通行法語聖經》③為甚，有時也會引用別的版本。以上各個版本在本書最後所附的參考書目中均有列舉。此外，該書目中也一併列出讓本書內容更為豐富詳實的大部分參考著作。

①《舊約》一般還包括了「詩歌智慧書」。

②1975-1976 年間才首度問世的《聖經》法文譯本，全名為 *la Traduction Oecuménique de la Bible*，簡稱為 TOB。

③瑞士人 Louis Segond（1810-1885）分別於 1871 年及 1880 年，直接從希伯來文及希臘文翻譯的《舊約》及《新約》法文版本，並於 1910 年重新修訂過。

《聖經大祕密》代譯序

繆詠華

《聖經》——一直都是部令我仰之彌高、鑽之彌堅的傳世神聖經典大書，我也始終對其抱有可遠觀不可褻玩的敬畏心態。當初接下翻譯《聖經大祕密》一書的重責大任時，雖明知擺在自己面前的是一本「有關」《聖經》的書，絕非《聖經》，但也著實曾猶豫再三、倍感壓力：不知自己是否能以最嚴謹的翻譯態度、最謙卑的翻譯精神去接受《聖經大祕密》的翻譯大考驗？

對宗教的態度不啻抱持著不可知論者的我，或許無法勉強自己去贊同、崇拜、信奉《聖經》中的宗教奧義，然而姑不論宗教或心靈層面，想了解西方文化、藝術、文學乃至於日常生活，《聖經》是絕對必讀的基礎巨著。誠如本書作者開宗明義就寫道：「唯有好好吸取《聖經》中對基督—猶太根源的解釋，方能對祖先留下的遺產多所了解。這種孕育了好幾種文明的根源，深植歐洲靈魂的最纖細處。」

關於譯文表現方面，既是本「有關」《聖經》的書，不可避免會引用到許多經文。譯者自我期許做到將《聖經》經文與本書作者敘述的筆觸及風格予以劃分：《聖經》部分力求符合經文本身「樸素、聖潔、雄健而熱烈」的史詩風格；本書作者敘述部分則以流暢、淺白、輕鬆卻不失專業為翻譯要旨。然而，誠如法國哲學家保羅・里克爾（Paul Ricoeur）所言，「翻譯」與「服喪」兩者是分不開的，譯者在下筆時雖已三斟四酌、戒慎恐懼，惟仍不免疏漏、謬誤，尚請讀者諸君不吝予以批評指正。

還有一點特別藉此附帶一提：由於本書原為法文，作者所引用的經文，無論就經文內容或經文章節等都有可能與市面上通譯版本（如欽定本）有所出入，尚請讀者明察。不過，譯者一本翻譯「三達德：信達雅」之首項要目：求「信」為先，故而本書翻譯均從本書作者，除非與一般大眾認知出入較大者，方於譯注中加以說明（摩西帶領希伯來人過「紅海」譯為「蘆海」，便是一例）。

每翻譯一新的文本都為一新的學習過程，過程中有酸甜苦辣，更有疑惑滯難。此番隨著作者將《聖經》中的大謎團抽絲剝繭之際，譯者不禁也發揮起偵探精神，或發現通譯經文的一些大疑問，或兀自異想天開、做了某些《聖經》的聯想，並試著自行釋疑、自我開脫。茲舉出二例，野人獻曝，權供參考：

例一：〈出埃及記〉中的 *Israélites*，通譯版本常從「以色列人」解。竊以為應譯為「以色列（改了名後的雅各）的子民」方為妥貼。

例二：〈出埃及記〉第十二章有關取頭生子性命的章節，則令我聯想到法文俗語 *Un ange passe*（「天使飛過」，表示話說到一半冷場）。該俗語之典故雖莫衷一是，但是否有可能源自於此呢？想那「滅絕天使」橫掃埃及之際，人人自危，足不出戶，噤若寒蟬，天使飛過，靜默一片。爾後方引申為「天使飛過，出現冷場」？這種推論不知符合邏輯否……

翻譯此書期間，適逢中古文學專家馮象先生於哈佛大學出版了《摩西五經》新譯本，該書對譯者在《聖經》經文理解與譯文表現上助益甚大。雖與馮先生緣慳一面，但在此遙寄最誠摯之謝忱與欽羨之意。

有人曾說「拍電影的是瘋子，看電影的是傻子」，我倒覺得「寫書的是傻子，譯書的是瘋子」。君不見譯者隨同作者一道神遊，倏地陷入全書情境當中，數月乃至年餘，或擲筆歎息、或搥胸頓足、或齜牙咧嘴、或欣喜若狂，每每無法自拔……當作者寫到從希伯來文中的 *va-ta'amod ha-Hama* 在《舊約．約書亞記》中被翻譯成「日頭停留」，但在《新約．馬可福音》中卻成了「岳母起來了」。這兩個看似完全不搭軋的句子，透過「密德拉訓」去解讀時，竟然得出了兩者間非常密切的關聯……焉能不令譯者拍案叫絕？！要是再加上你我每天都不免要上網接觸的 www 所對應數值的恐怖意涵，那就更……

二〇〇七年八月二十三日

附識：《聖經大祕密》譯竣當晚，家父病逝，享年八十。謹以此譯獻給家父，願他得享安息……阿門。

目錄

1 男人與女人

太初，上帝取塵土造了男人，接著從這個男人提造了一個女人。這些影像不僅僅是民間傳說而已，甚至暗指人類是從腐植土中提煉出來的。可是，打從這位史上首位雌雄同體之人的陰性被沒收後，從此他便有了缺口，往後只能仰仗找到靈魂伴侶，找到那位跟他身體結成連理的配偶來彌補這份缺憾。（請參閱〈創世記〉第 1 章和第 2 章）

人類的歷史始於一個園子，好一座園子啊！就是那座家喻戶曉的伊甸園！顧名而思義，伊甸園這個名稱就充分表現出了園子的特性；因為從蒙昧時期開始，「伊甸」（Éden）便令人聯想起淫慾、逸樂、歡愉。這座樂園絕非浪得虛名！

上帝──《聖經》裡並沒有花時間去解釋或介紹祂出場──創造世界與世間萬事萬物；從無限大到無限小。在祂把光明與黑暗分開，天穹與人世分開，大海與陸地分開，並劃分了晝夜之後……祂開始從事園藝，讓園中長出各式各樣的花草樹木、蔬果植物。上帝志得意滿之餘，遂決定讓廣大動物的種類數量增多，多到要能佔滿廣袤世界上的所有空間，但各物種卻又各有不同：魚兒屬於海洋與江河，就連海洋與江河的魚都不同呢；鳥兒佔據天空；小蟲子到處亂鑽；猛獸則統治著整個草原……即便到了今日，千千萬萬年之後，總還是會發現新物種，尤其是到目前為止仍鮮為人知的好些魚類和昆蟲，牠們藏在最深的海底、最原始的森林中，有時甚至就躲在你我花園裡的某塊石頭下面！

這下子人出現了！

上帝於第六日造人。在創造了無垠的宇宙世界後，上帝的注意力轉向地球，開始精心雕琢。這就是《聖經》的第一記〈創世記〉的內容。

起源──你我的起源──於焉開始。上帝取土，並以土揉捏出了個人來……殊不知驚異大冒險才剛展開呢！

這下子人（Humain）——也就是說從腐植土（*humus*）而來者——就出現了。人是土做的，是塊黏土！上帝有點像陶藝大師，混合了黏土，以自己的形象捏塑出了人。上帝取自塵土造了人，人死後會歸於塵土；這便是「塵歸塵，土歸土」一說之由來！不過人在死之前，還得先活過才成。

好，目前人是被造出來了，乃至於也有了人的原型！不同於其他所有動物，即使人在某些地方與猴子頗為雷同，不過人卻一心一意發展起自己的特性——人性。不過有一點比人性還更要緊，那就是——組成人的兩種類別。

《聖經》第一章中上帝創世的簡明敘事，給我們一種上帝雖陸陸續續創造一切，但卻完全靠祂自己無與倫比的豐富想像力的感覺。當我們接下去繼續閱讀《聖經》時，則會發現與最初敘述的步調有點出入，好像有點磨磨蹭蹭起來了，全都聚焦在上帝最後一個作品上，我們正可以好好分析一下這個驚異奇蹟的細節。因為往後這件會變得與你我息息相關的作品，就是——人。

《聖經》最初幾頁好像說了好幾則故事似的！光「太初」一節，似乎就有好幾個開場，每日都會有新鮮事發生。

《聖經》開宗明義就敘述了創世一節。創世當然不是在一週內就完成的，而是歷經了一個相當長、甚至非常漫長的時期才完成的。事實上，《聖經》其中一位作者也很偶然地在某一頁中指出過，對上帝而言，千年如一日，一日如千年①。也就是說經書上所寫上帝創世的第一、第二或第五日，可能代表數千年的意思。創世那七「日」的「日」不可能是一天二十四小時的「日」。因為二十四小時的「日」是用來測量日夜的，以地球繞太陽轉一圈為一「日」。然而，上帝是到了第四「日」，才讓日月星辰就位的！

經文中很快地概述了創世一番後，終於還是把放大鏡擺在上帝最後的傑作之上：人。

《聖經》上的「人」同時代表男性與女性；「人」並無性別區分。走筆至此，筆者這可不是在吹毛求疵；僅需看看性在我們生活中所佔的地位，便會同意這與寫作風格無關，而是實有必要稍微花點篇幅在這一段上。

「上帝造人，取的是祂自己的形象，上帝照自己的模樣造了人——男人和女人。祂把人給造了出來！」

好一段既冗長又令人霧裡看花的經文哪！

人乃雌雄同體？

如果我們想從這樣的立足點開始去探索造物主與其創世，就會發現許多奧祕尚待解謎。的確，簡簡單單的一小段就滿是驚奇了。我們首先注意到，上面那句引言中的主詞「上帝」是以複數形式出現的（也就是說「諸神」），但動詞卻是單數的 créa 而非複數的 créèrent。其實，本來應該寫成：「諸神創造了（Dieux créa）」，但如此一來就會不合乎文法！再加上上帝是取自己的形象去造人②，人（Adam）——跟上帝一樣——同時既是單數又是複數，因為這個新誕生的人既是男性又是女性（而不是非男即女）。讀到這段經文的時候，真把我們給嚇了一跳，這也是作者意料中之事，因為作者重複強調：「男人和女人，祂把人給造了出來！」

這裡的謎團就是明擺著的了：人似乎——最初、一開始、原本、打從有其存在起，就是——雌雄同體。神話於焉而生！

上帝是「獨一無二的」，但祂不是「獨自一個的」（「三位一體」③便可茲證明）；人也是「獨一無二的」，但人是「雙重的」：同時既是男又是女。

裁決上帝對錯並不容易，但人本是雌雄同體的這個發現還是很令人神往，或許可說很能引起異想，你要說會讓你嚇到作噩夢也行。在人性最深處、在人最原始的狀態中，人類本是雌雄同體，這個發現開啟了我們觀察時的新角度，雙性戀及同性戀者也可依此為其行為辯解。

連向來不以幫《聖經》背書為職志的科學，長久以來也一直抱持著：就生物學而言，人類是以男性荷爾蒙與女性荷爾蒙所構成的，人類身上兼備男女兩性成分。至於人類賴以成形的母親腹腔工坊，很快便會成為劃分男女兩種成分之處所，取得優勢者便會決定孩子的性別。

就生物學而言，該機制相當簡單，甚至非常容易，但就心理層面來說，性別就位則需較長的時間，而且也較有風險。孩子到了青少年時期，認知到自已的性器官，而且從好久以來就知道自己擁有哪種性器官，但心理卻依然會掙扎，而且這種掙扎會一直存在。一般來說，會基於某種邏輯而自我調適，心理上的性向會符合生物上與生理上的性徵，但也可能變質。對某些人而言，會是個意外、偏差、反常行為，但無論我們如何稱呼，總是會有些人與自己明顯的性徵，也就是說生物性徵不合，也因而造成了許多悲劇。

無論是何者，《聖經》提到最初的人── Adam ──時，都是個雌雄同體的種類，這點是很清楚的。而接下傳宗接代使命的人類便是這個種類！

當然，我們會很好奇，會想知道到底該如何去完成使命呢？神祕的面紗有待你我一同去揭開。

上帝創造女人！

根據《聖經》記載，人是上帝創造意願之下的產物，而非漢密斯（Hermès）和阿芙羅黛蒂（Aphrodite）同床共枕的果實（這便是「漢馬福迪托斯（Hermaphroditos）」的由來）④。但是，希臘神話的靈感有可能來自於〈創世記〉。沒錯，所謂的「漢馬福迪托斯者」，就是擁有兩種性器的陰陽人，雖說這有可能是對人類起源的遙遠呼應，卻也沒忽略到這個私密的觀點：事實上，每個人身上都兼具陽剛氣息與陰柔氣質。

《聖經》中的上帝是藝術家和創造家，不但取自己的形象創造了人，還將其造成雌雄同體。這種說法讓負責傳授基督教義的人員很難接受，也很難啟齒。

從《聖經》經文看來，上帝以塵土捏塑男人，然後又動了些外科手術，因為祂從男人中提出了女人。很清楚地，跟男人就是用黏土做的不同，上帝做出女人的方式很不一樣，她是從男人身上取出來的，至於是從他的肋骨或他的胸側，不得而知，但她的確是從男人身上取出來的。雖然很令人震驚，但我們卻可說亞當「生了」一個女人，上帝先把亞當全身麻醉，接著就進行手術。亞當醒來以後，看到另有其人……而且很訝異地驚嘆道：「這就是我的肉中肉，這就是女人。」（〈創世記〉第 2 章第 23 節）

還是看看《聖經》怎麼描述這件非比尋常的大事好了：

「上帝耶和華將那人帶到伊甸園裡安置了，命他耕種，照看園子。……上帝耶和華說：他一個人孤零零的不好，我要給他造個相稱的幫手。……於是上帝耶和華便使那人熟睡，趁他酣眠之際，抽下他一根肋骨，再用肉補滿原處。然後耶和華就用這根從那人身上取來的肋骨，造了一個女人，領她到那人面前。那人說：如今這是我的骨中骨，肉中肉。她該叫做『女人』，因為她出自男人。所以男人要離開父母，去依戀他的妻子，兩人結為一體。當時，男女兩人都赤身露體，卻並無羞恥的感覺。」（〈創世記〉第 2 章第 15-25 節）

雌雄同體之人會有寂寞的風險，但甚至在他表達出自己的期待前，上帝就替他找了個相稱的配偶、幫手。

走筆至此，先插句題外話。有史以來，所有《聖經》的譯者，都沒辦法將這部分精心雕琢、傑出卓越的創始希伯來經文翻譯得很道地，因為經文宛如俄羅斯娃娃：每個意思之後又另有深意，再加上文字遊戲比比皆是，令人目眩神迷，種種眼花撩亂的解釋更是百花齊放。其實，這些譯者本身就是自己所處的環境與自己所生活的文化的受害者。在諸多大男人、父系、厭女等文化中，女人是「從男人身上取出來」一說，有時是很難理解的。然而，倘若我們深究確切內在意涵，便會發現《聖經》經文其實並不是指女人是「幫手」，因為這種說法等於先入為主地假設女人的地位較為低下，而是指「兩者相稱」，《聖經》上指的是「配偶」（何況希伯來文中的「幫手」*ézer* 是陽性名詞，可是「幫手」絕對有陰性名詞，但是這段經文卻棄而不用）⑤。

且不論配偶也好、密友也罷，上帝在動手術之前還有一個地方透著怪異，那就是祂竟然會認為：「他一個人孤零零的不好。」

上帝從一開頭就親眼目睹自己的創世經過，而且還覺得很好，我們可以了解祂的意思，並不會認為上帝很容易自滿。在《聖經》的最初幾頁裡，上帝連說了六次很好，到了第七次，祂興高采烈，甚至說非常之好！只要上帝是上帝，也就是說完美，祂做的一切就都會很好和很完美。但是，在〈創世記〉第二章裡則不然，上帝看著祂的創造，卻表現出有所遲疑、有所懷疑、有所不滿。祂覺得亞當孤零零的不好，等於間接承認自己造人的這份活兒完成得並不完美。

然而，人真的就是孤零零的嗎？上帝不是在那兒嗎？若不是為了要人陪祂，上帝幹嘛造人呢？

我們可以這麼推測：人跟上帝長得一模一樣，就像是在地上的神似的，讓上帝大傷腦筋的無疑就是這點；祂在天上，人在地上。兩處都有神，平分秋色！而且倘若上帝想繼續獨一無二，那就不需要那種自以為是上帝的生物，人這種生物甚至連接收到的使命都是統治地面，當世上的頭頭！搞了半天，人孤零零的、獨一無二，或許只會對上帝不好。沒錯，如果人開始自以為是，自以為全能，甚至自以為不朽，那麼就會突然聞出了競爭的煙硝味兒。自以為是上帝的人再也不需要上帝了！上帝受不了任何自以為是上帝的生物——所以人還是老老實實的，該是什麼就是什麼吧！

有條可以更方便理解這個推理的線索。上帝是等到對人說不可以吃智慧樹上的果實之後，這才了解到人不該孤零零的！

上帝的祕密

不過，人還是落到了些好處：一座美侖美奐的園子、理想的生活條件、和藹可親的上帝……這便是某些隱士所找尋的至尊模型：遠離塵囂且孤零零的，在恬然詩意的田園氛圍中，安安靜靜地跟上帝在一起，忘卻時間，甚至忘了自己的肉身，因為已然被昇華了，人生至此，夫復何求。

好了，問題來了。上帝是神靈，人可是血肉之軀；上帝是永恆的，人可會受制於時間。在這座園子裡，這個只差我們想像中的天堂一步路的地方（得耕種它，也就是說得幹活；得照看它，也就是說會有危險），唯有與不是上帝的第三者在一起，人才會認知到幸福。

於是上帝便在自己的傑作上進行再創造，把雌雄同體的那個人變成了一個男人與一個女人；兩個截然不同的個體，卻彼此互有牽扯。女人是從男人這邊產生出來的，女人成了母親後，又會成了男人的未來，又會生產出男人來。

上帝獨自創世與造出世間萬物。當人於第六日被創造出來時，一切都已經被造出來了，因而人並未能親眼目睹上帝創世。於是這便成了上帝的祕密，從此以後，人類所有的好奇心都會彼此衝突，永無寧日，就因為上帝創世之際，人類未能躬逢其盛。

不過呢，上帝「創造」女人的時候，男人已經存在了，所以他大可當個觀眾，密切注意即將發生的一切，結果……並沒有！因為上帝發明了全身麻醉術，又很祕密地獨自完成了傑作。似乎是上帝刻意想遮掩某些東西，一方面可使祂保住上帝地位，另一方面，又可要求人得信仰祂——這便是人與上帝之間一個特定且唯一的關係。

將雌雄同體者變成一個人——甚至兩個人——的手術，把人在性別上予以區分，因而始終是一大謎團。從那時起，很容易便可說出人的性別，以及男人與女人間的性差異。但人的性別究竟是怎麼來的？卻依然是個無解的謎。

所有精神科醫師都可以設法領會性別差異，並認為確定性別獨特性很必要，但亞當被麻醉時那一刻的種種思辨卻不會因而減少！

你（妳）在哪裡，我在想妳（你）！

那人醒來後發現自己成了男人，還看到另一個人，於是便稱其為「女人」。他表現出有些喜悅，但最要緊的是，他感覺得出這個配偶是取自於他身上（我的骨中骨，肉中肉），乃至於就算上帝縫合了傷口，創傷卻已劃下。因為少了什麼，所以會有所要求，有東西從他身上給分了出去！男性再也無法孤零零一人，卻不感受苦了。他得找到另一個——女性——好再回到最初的自己。從那時起，男人就得在女人身上找回另一半，而當兩人重逢、相認後，他倆成為一體，成了全新的過去！

稍後《聖經》經文中會寫到亞當與夏娃相認。《聖經》中的「相認」便是同房之意。

婚禮中常聽到的制式說法則是直接從這些最初的《聖經》經文中摘錄下來的：所以男人要離開父母，去依戀他的妻子，兩人結為一體。（〈創世記〉第 2 章第 24 節）

透過性的結合，男的人類重逢了女的人類；透過愛的舉止，男女上臻天堂，心醉神馳，淫慾享樂！因而成了創造者！

①見《新約·彼得後書》第3章第8節。

②希伯來文中的「人」為adam，因為上帝取塵土（*adamah*）造人（*adam*），故而「亞當」（*Adam*）原為希伯來文中「人」（*adam*）的音譯。adam為名詞，單複數同形。

③三位一體，即聖父、聖子、聖靈，為同一本體的三個不同位格，三者具有同一本質。

④希臘神話中，美神阿芙羅黛蒂（維納斯）紅杏出牆與漢密斯生下了俊秀的漢馬福迪托斯。有一天，漢馬福迪托斯在溪中洗腳時，愛戀他的仙女莎瑪西絲與他合而為一，從此他就成了雙性人。而 *hermaphroditos* 則成了半陰半陽、雌雄同體或兩性畸形的意思。

⑤〈創世記〉第2章中所出現的「幫手」這個詞（希伯來文為*ézer*）意思是「說明」、「支持」、「輔助」。該詞是用來描述女人角色的關鍵詞，而非貶義詞。比方說，上帝就常常被描繪為在「幫助」其子民（見《舊約·詩篇》第121章）。要女人成為幫手，意味著她擁有必要的能力、資源、力量與合適性，方能擔當此一角色（見《舊約·箴言》第31章第10-31節）。

2 伊甸園

根據伊甸一詞之詞源，以及用以描繪伊甸園的詞語看來，那是座逸樂淫慾的花園。歡愉淫樂在那兒「真情流露」，連身在箇中的演員都是光溜溜的！那是座絕妙的歡欣樂園。那麼它究竟位於何處呢？倘若它完全是被虛構出來的，為什麼《聖經》經文上提到伊甸園為四條河流所環繞，其中兩條依然存在，兩條已找不著了呢？（請參閱〈創世記〉第2章）

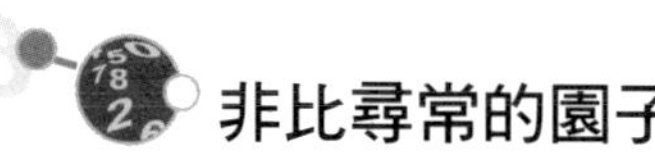

非比尋常的園子

《聖經》在最前面的幾個章節中先描述了世界之始與生物起源（反正就是地球上的萬事萬物），稍後又回過頭來再度提到人類。

上帝在第一章創造了世界，在第二章中，這會兒祂準備好了一座園子。可以這麼說，從此以後，上帝不再對宇宙下功夫，而是開始把腦筋花在祂所創造出來的大自然中的一個樣品上。這個樣品，這個實驗室，就是伊甸園，淫逸的樂園。

最可闡明這個地方的就是 *parc* 這個字眼（就是波斯文中的 *pardès*），或者 paradis（*paradeison*，希臘文「樂園」的意思）。《聖經》經文原本是希伯來文，所以還得注意「園子」一詞在希伯來文中是從「看守」的字根所衍生而來的①。以英文舉例的話，*le garden gardè*（受到看守的園子）就成了 *the Garden of Eden*！伊甸園成了受到看守的地方，那是個上帝特別保護即將出現的人類的地方。不過暫且先別搞亂了步驟，咱們還是先來著實看看這座怪異的園子吧！這座園子也是人的心理寫照：人得先感到很安全（受到看守），才能尋得歡樂（伊甸），就跟每個人在自己的祕密花園裡一個樣！

上帝當起了園丁；也就是說祂馴化了創造剩下的野蠻大自然，而且祂會讓植物「循規蹈矩」，這樣才能做出座大花園來，做出座伊甸園來。造物主是依循著邏輯順序在創世的：

祂先解決了宇宙的混沌，再轉向安排地球上的大自然。所以我們常以「一座法式庭園」去形容做事按部就班，這種表示法就是從這邊來的！

長久以來，人們自然而然地一直都想找出伊甸園一詞之由來，因為似乎有特指某地。因而人們對探索失去的伊甸樂園也與探尋聖杯或印加寶藏一般興致勃勃！

透過對諸多古老語言的研究，我們可以從中汲取考古知識，並得知 *edinu* 一詞來自於阿卡德②（美索不達米亞），乃「大草原」之意。

此處指的美索不達米亞就是今日的伊拉克，乃人類的搖籃。蘇美（Sumer）便來自於此地，後成為文字發祥地；阿卡德、亞述和巴比倫也來自於此地。後來在這個大草原的心臟地帶出現了一個綠洲，成為人類文明的濫觴。

《聖經》會將人類的起源上溯至美索不達米亞是很令人驚訝的。然而，另有一篇同樣也提到上古，卻更直指人類乃起源於蘇美的知名文本，那就是——《吉爾迦美什史詩》③。為了瞭解原始人類的歷史，同步博覽參考其他典籍是不可或缺的，同時也會對解開攸關伊甸園的種種謎團有所幫助。

不過，要是能拿《聖經》跟《聖經》自己做比較，進而從「內部找到證據」，尤其是在語言運用方面，總是很不錯的。我們在《聖經》其他的扉頁裡又找到了 Éden 這個詞，而且出現在一個非常特別的場合。

先容我們小小地跳到亞伯拉罕和他的妻子莎拉的年代去，就歷史編年而言，這當然是在伊甸園之後了。當時他們夫婦倆已有相當歲數了，甚至非常年老，幾乎都快一百歲了。可是亞伯拉罕年輕的時候，上帝曾經承諾過他未來會有厚報：我必令你子孫繁衍，多如沙漠中的沙粒，多如天上的繁星！（〈創世記〉第22章第17節）④上帝雖然許了他們一個未來，美好的遠景，可是莎拉卻依然遲遲不孕！這個小地方搞不好會讓全能的上帝有食言的風險。就這麼過了好多年，這對夫婦當然膝下猶虛，一直都未能享受天倫之樂。一天，有位奇怪的訪客到亞伯拉罕家中，向他保證：一年之內，你的妻子便會生子。莎拉正好站在帳棚門口，聽到客人說的這番話，即使她是個內斂順從的女人，卻也不禁失聲笑了出來（八成覺得又好氣又好笑），心想：那怎麼可能？我早過了生育年齡，丈夫也老了，真不知喜從何來？*Éden*！（〈創世記〉第18章第12節）

根據《聖經》看來，Éden是種樂趣、是喜悅、是歡愉，那是幅莎拉從不曾見識到的景象。這就是為什麼《聖經》譯者提到伊甸園時，都接二連三地稱之為喜悅的樂園、歡愉的樂園。一個香氣撲鼻，而且男人與女人赤身露體走來走去，絲毫不覺羞恥的樂園。

男人與女人便是被安置在這座有著淫慾花朵綻放的樂園裡，而我們既然知道這個天堂乃一歡樂之地，當然得找出它的確切位置來。

失樂園

所有神話與傳奇都會提到尋寶；要不就是找尋聖杯，要不就是某個寶藏，甚至可以去探訪絕妙的樂園，那座樂園位於化外之境，離已知的世界甚為遙遠之處，在鏡子的彼方，要不就是在蒙上了懷舊情淚的後視鏡中。所以，那會是個生人禁地，唯有通過諸多令人難以置信與經常都是聞所未聞的冒險考驗的大英雄方得以進入。因而，上古時代美索不達米亞國王吉爾迦美什（Gilgamesh）才到得了位於大海中央的樂園仙境去，那座滿是石林的花園！請大家注意這裡所描繪到的林木的獨創性！

此外，還有一個傳奇英雄：海克力斯（Hercule），至於他嘛，他則得去有三只金蘋果的海絲佩拉蒂（Hespérides）果園。這下子我們倒又看到另一座也有蘋果的園子！

根據《聖經》記載，伊甸園位於東方。這點可就有意思了，可惜的是我們不知道是位於什麼東西的東方。反正是在日升之處這邊就對了。太陽從這邊升起，生命源自於此。所有神廟的「方向」都朝東⑤。稍晚《聖經》裡面的三王也會從東方而至，甚至還去朝拜初生的耶穌。Orient（東方）一詞也是origine（起源）之詞源。一切不都解釋清楚了嗎？該說幾乎解釋清楚了而已！

多虧《聖經》有提供些地理細節，我們才比較能找出那個天堂之境的地理位置來。其實，《聖經》經文在提到這段之前，都是些相當普通的概述，但卻突然插進了下列這段非常特別與新鮮的描繪：

「上帝耶和華在東方的伊甸之地開發了一座園子，將新造的人拿去放在裡面。又讓土裡長出各種好看的樹，以及美味的果實。祂又讓園子中央長出一棵生命之樹，還有一棵善惡智慧之樹。一條發源自伊甸一地的河流灌溉那座園子。出園後，分為四支：第一支為皮遜河，流經哈威拉全境；那地方有著高品質的黃金，也有芳香樹膠和珍石瑪瑙；第二支為基雄河，流經古實全境；第三支是底格里斯河，流經亞述城東部；最後還有第四支幼發拉底河。」(〈創世記〉第2章第8-14節)

這段經文中有一個很重要的謎題就是那四條河（或說一條河的四條支流）。

這段導覽當然有象徵性的一面，透過美妙樹木已經表現出來了（我們稍後還會提到）。然後就是，選擇4這個數目，4代表全部及所有方向，比方說四大方位基點。這四條河也同時對園子施以全面性的完美灌溉。水的重要性與豐沛的水源可以喚起生命本身的意義與本質，喚醒生命的起源（東方）。水，就是生命；沒了水，乾草原就無法成為樂園，沒能受到充分潤澤之下，樹木就無法結出豐碩又美味的果實。

好，《聖經》上出現了這四條河，而且全都被命名得好好的。可是這四條河卻成了吉爾迦美什的那片汪洋大海，海中央還有著一座園子和樹木。只要是具冒險犯難精神的大英雄，無論是哪個印第安那·瓊斯都會為這座園子著迷瘋狂。可惜啊可惜，其中兩條河——皮遜河和基雄河——是令人完全陌生又摸不著頭緒的，就算它們按照標準及異想細節被好生命名了，但卻依然難以追蹤出其行跡。經文把它們描繪得何其美妙，簡直就是百分百的仙境，更像虛構想像之果實。唯一可以肯定的就是這兩條美妙河流的名稱：「皮遜」（Pichon）意譯為「噴發」，就與我們會在那兒找到的金子一般迸發出耀眼光亮，散發出樹脂的芳香。「基雄」（Guihon）為「沉穩」之意；但是，穿越古實全境的這條河流卻應該相當湍急澎湃才對，因為一般咸認為古實位於伊索匹亞附近！河不如其名，相當令人難以置信！

不同於這兩條河，另外兩條河則非常大大的有名，名氣響亮到僅需點出河名即可，無庸再描繪任何細節，彷彿對讀者來說河名就足以解釋一切了。那兩條河就是：底格里斯河和幼發拉底河。

於是乎，這座伊甸園便是被四條河流所環繞，其中兩條確定是虛構的，另兩條則可以知道地理位置。由於伊甸園的所在地很快就會變成為巴比倫，所以我們可以說伊甸園是座位於巴比倫的園子，介於實際與虛構之間，現實與神話之間。園子是有了，人卻還沒進去，故事也尚未開始；而故事發生地的地理位置也不明確。

於是我們認知到，無論以科學眼光或純粹以教義為出發點去讀經都會有所缺失，所以，應當以全新觀點去讀經，方能真正有所得。

樹——上達天聽的橋樑

河流灌溉了園子，尤其潤澤了樹木。雖然上帝創世的方法是那般奇異，好歹全部創造也都到位了，而且樹木是於第三日就出現的。看起來似乎是上帝在乾草原這個樣品上，種下了樹木好打造那座名氣響叮噹的伊甸園。並且祂還讓這座曼妙森林裡新栽下的植物中央長出了兩棵特殊的樹：生命之樹及善惡智慧之樹。上帝先精心佈置好背景，才讓人進入舞台，何況大家瞪著這兩棵背景樹目不轉睛地瞧了許久，急著見到人出場，人之到來也就理所當然了。

樹——尤其是遮住了整座森林的那棵⑥——是眾神話與諸宗教中的基本典型。因為樹不只是個象徵，更是大自然週期周而復始的重要元素。透過高大挺拔的外觀，樹也是連接人世與仙界的橋樑。在眾多代表靈魂的象徵領域中，藉由樹根直探入地球深處，樹枝自由自在地往空中擴展，朝雲彩生長，樹經常都是世界軸承的象徵。

好些宗教裡，樹均與神性有關：松樹與弗里吉亞（Pyrygia）植物神阿提斯（Attis）密不可分；埃及歐塞里斯（Osiris）神的雪松；希臘方面則有宙斯的橡木；還有阿波羅的月桂樹。

樹標示著生命。因而，又是在埃及，我們可以看到女神哈托爾（Hathor）在樹中拿食物給死者的亡魂吃。

《聖經》中各族的國王有時被神格化，並且被比喻成樹：埃及的法老王與歐塞里斯的雪松相關；巴比倫王尼布甲尼撒（Nabuchodonosor）則與一棵全能的樹相提並論，那棵樹高聳於群樹之間，所有的鳥兒都在上面築巢。但是，《聖經》卻斷然拒絕為了讓樹木變成「神聖的棟樑」而將其神格化。

那麼伊甸園樹林中的這兩棵樹又是什麼呢？樹名就表明了它們有多特殊。〈創世記〉再次讓我們想到了《吉爾迦美什史詩》，該史詩就是深入森林心臟地帶去採摘那朵像玫瑰般多刺的「生命之花」。難就難在要能摘下花卻不刺傷自己，因為被花刺到足以致死。唯有那些毫髮無傷摘下花的人才能活著。吉爾迦美什辦到了，可是他卻因一時鬆懈，使得剛到手的神奇植物被蛇給搶走。

上帝將生命之樹安置在伊甸園中央，令我們不禁懷疑莫非這棵樹是祂自己的化身，表示上帝其實也在場？的確，在接下來、少有的一些還提到這棵樹的經文中，上帝在場與否就是問題所在。

值得注意的是：上帝並未禁止人去吃這棵樹的果實；這棵樹的果實跟其他所有的果實一樣，上帝都很慷慨供應那對有史以來的第一對夫婦享用。

真跟其他所有園中的果實一樣？並沒有！因為上帝嚴厲

禁止他們去吃第二棵特別的樹——那棵善惡智慧之樹——長出來的果實。

或許別的宗教裡有與那棵生命之樹旗鼓相當的象徵，可是《聖經》所管轄的那棵智慧之樹卻是椿獨門生意。所有古老神話都沒提到這棵樹，甚至連《聖經》別的篇章扉頁中也都完全不見蹤影。換句話說，這棵智慧之樹唯有在《聖經》最最前面的幾段中才有提到，然後好像就徹底消失無蹤影，再也沒提到半個字。也因此更增添了作者神來一筆地安排了這棵樹的神祕色彩！

解釋《舊約聖經》義理的《塔爾袞殘卷》⑦中就提出：該注意這棵樹上帶有的科學精神，該種精神可以區別、解析出好與不好，正確與不正確。對為數可觀的猶太學者及知識淵博的教士來說，這還比較像棵混淆善惡之樹，而比較不是棵智慧之樹。因為吃下這棵樹的果實，就會陷入渾噩，搞不清狀況，終至混沌不明：食用、攪和、混淆！

這下子總算稍稍揭開了點神祕的面紗。全宇宙的上帝支配、安排著伊甸園——祂也是訂定規矩的那位——並在其心臟部位安置了一棵樹，象徵著隨時有可能重回宇宙初始時的混沌狀態。

生命之樹是秩序之樹，混淆之樹是會造成創世前般混沌的那棵樹。於是便有了下列定論：吃善惡智慧之樹上的果子必死；也必定無法再與另外那棵樹接觸，那棵生命之樹。

二元論從此便已奠定：好／壞；光明／黑暗；生／死。

這座擁有喜悅淫慾、逸樂歡愉的園子，本來就該是個什麼誘惑都有的地方。

開闢了伊甸園的是上帝，在伊甸園中安置了兩棵樹的也是上帝：一棵足以致死，另一棵則是生命泉源。稍後的《聖經》經卷中提到：我將生死禍福都擺在了你的面前。選吧！你要選擇生，給你自己一條活路！（〈申命記〉第30章第19節）

選擇，這是免不了又逃不了的，選擇可令人負責，也可讓人自由；就是因為得選擇，人才不再只是個傀儡。選擇，也是所有可能產生疑慮與造成錯誤的地方。可是爭取自由則是人的最高志向。沒了這份自由，人——什麼都不是。

正因如此，林地中央才會出現了那兩棵令人望而生畏的樹。

測試人性的實驗室

好了，背景均已安排妥當，該栽的樹也都已栽下。這就是接下來要發生悲劇的地方。上帝完成了園林造景，套句《聖經》的說法：「祂將新造的人拿去」放在這座園子裡面！要不是上帝在第六日時便已造好了人，否則哪來的人讓祂在本該休息的第七日拿去放在園子裡呢？由於樂園似乎是整體創作中一個經過改良的樣品，土製的人將被安置在一個上帝好生栽種過的地方，人在那兒也得好生改良他自己。漸進、演變、更上一層、循序漸進……「人」在超越「人」而成為

「超人」的過程中，一逕都仰仗神的鼻息過活。現在人準備好要耕種了，也就是說去耕種到目前為止都還沒被耕種過的大地；光動動鏟子，就從對大地的耕種（culte）成了對造物主的崇拜（culte）⑧！

伊甸園不僅是個受到保護的地方，而且對人、對上帝都馬上就會起著實驗室般的作用。伊甸園也是——失樂園——負有最初老祖宗定居某處，如今卻已消失了的記憶。而人被上帝逐出樂園，也將成為往後人將四海為家的起點。不過，到目前為止，人應該是跟伊甸園中的樹木一樣找著了自己的根。上帝開發了伊甸園……人卻將開發自己！

①希伯來文中的「園子」為 *gan*。

②L'akkadien，隸屬閃語（或譯為薩姆語）系。約於西元前 2371 年，阿卡德人在美索不達米亞建立阿卡德王國，定都阿卡德，即後來的巴比倫城。

③*L'Epopée de Gilgamesh*，人類的第一部史詩，比荷馬史詩的歷史還早上一千五百年左右。內容是講述半人半神的吉爾迦美什王追尋永生的故事。

④這邊作者搞錯了時間點。作者所引的這段出自〈創世記〉第 22 章第 17 節，那時候亞伯拉罕之妻莎拉早已產下了兒子以撒，亞伯拉罕為了表現對耶和華的忠實，故而獻出愛子以撒。上帝感念他一片忠心，便要降大福於他，故而方有作者所引之語。

⑤Orienter 做「朝向」、「方向」解，原意則為「朝東」。

⑥L'arbre qui cache la forêt，此處作者玩了一個「見樹不見林」的文字遊戲。

⑦*Les Targums*。《舊約聖經》是以希伯來文寫成的，但猶太人在耶穌時代講的卻是亞蘭文（Aramaic）而非希伯來文，因此，古代猶太博士譯經解經傳世片斷的結集便稱為 Targums。

⑧Culte 在法文中可做「耕種」，亦可做「崇拜」解。作者此處在解釋的同時，也玩了個文字遊戲。

3 會說話的蛇

伊甸園的誘惑（還有蘋果）這一小段可說無人不知，無人不曉。撒旦衝著女人而來，還「化身」成一條會說話的蛇，所以舌頭當然是分叉的①！這條蛇究竟是什麼來頭？竟以最聰明的上帝造物姿態出現！可是，牠不就是條果子裡的蟲嗎？還有，既然牠可以大剌剌地對夏娃說話，那麼在旁邊的亞當，難道就沒聽見嗎？後來，蛇因為害小倆口犯了原罪而受到上帝詛咒，能力因而減弱，但這可不代表牠就真的那麼乖乖地不說話了！（請參閱〈創世記〉第2章）

有鑒於伊甸園誘惑這一幕之重要性，故而有必要將原文忠實抄錄如下。別小看它只不過才寥寥數行罷了，但卻深具決定性，甚至具有最終決定性。一切才剛開場，便已成定局！

以下便是〈創世記〉第2章以及第3章的前幾句經文：

那人與妻子雖然光著身子，卻不感羞恥。

上帝耶和華所造的野獸當中，就屬蛇最為狡猾。蛇問女人：「神真的對妳說過：『這園子樹上結的果子，你們一概吃不得嗎？』」

女人答說：「這園子裡隨便什麼果子我們都可以吃。至於園子中央那棵樹結的果子，神說過：『你們不要去吃，甚至連碰都不許碰，否則會有生命危險。』」

蛇回嘴說道：「才不會呢，你們才不會死。神明明知道：你們一旦吃了，就會開了眼，就會跟祂一樣，曉得辨善惡了。」

女人望著那棵樹上的果子，那麼鮮美悅目，味道一定很好，何況還能賜人智慧，忍不住摘下了一個，吃了；又給身旁的亞當一個。兩人一吃，眼就開了，發現自己光著身子。趕緊一起用無花果樹葉，各自編了塊東西，遮於腰際。

蛇——這段怪異插曲中的標竿角色。其實所有神話都大肆發揮想像力去描繪蛇是種深具象徵意味的動物。時而可勾魂攝魄，甚至會催眠，但又真的很討厭，所有最原始的神話和最古老的文獻中，都可以看到蛇的蹤影，我們在前一章中已經提過這點了。整部《聖經》更是一直都在應證這點，不僅僅是在蛇誘惑夏娃的這個章節裡。弄蛇人似乎可以鎮住最恐怖的眼鏡蛇，但眼鏡蛇也會迷惑住弄蛇人、催眠他。無論如何，蛇把女人給迷住了，乃至於她最終還是抵擋不住誘惑。

另一個神！

光蛇本身就是一個難解之謎，根據《聖經》的說法，牠是以宛如上帝的對立者姿態出現的。那麼，牠本身就具有神性嗎？還是法力無邊呢？牠可說是上帝的競爭對手嗎？

為何說蛇有神性？希伯來文中的蛇寫作 *nahash*，而這個詞也可解釋成「法術」之意。「神諭」是 *nahashim*，至於「施展法術」，在希伯來文中則寫作 *nahésh*（像蛇般行走）。

眼鏡蛇，或稱為 *naja*，是埃及的一個神；牠是可以決定生死的曠野之神。

然而摩西——古人以為〈創世記〉的作者——他也受到埃及文化和宗教薰陶，隨後還帶領希伯來人穿越曠野到達應許之地。曠野——不啻為蛇賴以棲身的最佳場地，希伯來人在摩西的帶領之下將在曠野裡長途跋涉四十載，而摩西也將有一番奇特的經歷，蛇則是箇中要角。

人民在曠野顛沛流離，開始埋怨起摩西和上帝。他們責問說：「為什麼把我們帶離埃及？就為了讓我們死在曠野裡嗎？」（〈民數記〉第21章第5節）於是上帝就派遣毒蛇去教訓他們，咬死了大批以色列的子民。倖存者衝到摩西跟前，要他想想辦法。耶和華指示摩西：「用青銅（*bronze*）打一條蛇，懸在桿子上。無論誰被蛇咬了，只要望上一眼便可得救……」

現代醫學標誌神杖頂端盤有一條蛇的緣由便是來自於這段插曲；等於宣告病症得以痊癒。②

但就《聖經》的語言看來，希伯來人何其不幸：蛇把他們給咬死了，卻又透過望一望青銅打的蛇來救自己一命。

蛇是 *nahash*，銅是 *nehoshet*——又是個文字遊戲。由於希伯來文的書寫形式只會寫出子音而已，所以我們可以看到，這兩個詞裡面重複的 *nhsh* 同時也指「法術」（***nahèsh***），而法術則是《聖經》所明令禁止的。

其實摩西的其中一條律法就說道：「不可用法術。」③其字面意義則是：「不要像蛇一樣拐彎抹角、裝神弄鬼！」

咱們還是回到伊甸園吧！好了，話說那條蛇就邊繼續沙沙沙鑽來鑽去，邊潛入夏娃的意識中，影響起她來了。

然而，此時的場面設置卻精確得令人難以置信。光從背景就可看出一切；服裝也可把一切都給看光——壓根兒就沒有服裝！男人和女人都赤身露體……蛇……也光著身子。

跟我前面已經提過的一樣，最初的經文在文字與子音上大作文章，令人跌破眼鏡。要是逐字逐字來看的話，《聖經》

中寫道：男人與女人 nus（赤身露體）、ingénus（天真、不覺羞恥）；蛇則 ingénieux（狡猾、卑劣低下），尤有甚者，蛇跟蟲似的 nu（光著身子）！

這一段的文字結構既相互對稱又彼此吻合：

nus-ingénus / ingénieux-nu

赤身露體－天真／狡猾—光著身子

蛇既狡猾又惡毒，離撒旦不遠矣。凡狡猾者必惡毒也！

上帝威力大減

還是繼續我們的調查，朝伊甸園都發生了些什麼事邁進吧！

蛇為什麼對女人說話，而不對男人說呢？蛇為什麼一上來就衝著上帝交代的話發問呢？

根據《聖經》經文中先來後到的順序，我們注意到：上帝在創造女人前，就下達了可吃與不可吃的果子命令了。也就是說夏娃並沒有直接聽見，除非是當她跟男人還是一體的時候（參見前面有關雌雄同體的章節）聽見的，否則就是亞當之後說給她聽的。根據她對蛇的答話看來，應當是後者。

此外還須要注意一點：蛇並不懷疑上帝的存在，牠只不過抗拒上帝所立下的命令。不過呢，經文卻很微妙地透露出，蛇對牠口中的神多所質疑。

沒錯，當《聖經》前面幾章提到上帝的時候，都用複合名詞來表示，最嚴謹的法文版本都翻譯成「天上天主

（le Seigneur Dieu）」或「永生者上帝（l'Eternel Dieu）」，甚至翻譯成「上帝祂（Lui/Dieu）」。希伯來文中，除了厄羅音（Elohim）是上帝的意思外，也可以用四個複合子音字母 YHWH 來表示，有時翻譯成 Yahvé（雅威），也可以記作 Jéhovah（耶和華）④。

在蛇提到上帝之前，我們在經文中看到：上帝耶和華（YHWH/Elohim），然後蛇就來了，而且牠只有用通稱「神（dieu）」去稱呼「上帝」（Dieu），而由於文法的力量，所以讀者才會很自然地便聯想到蛇說的是「造物者上帝」。

蛇說的是「神」沒錯，但言下之意，「神」的威力已大減。「神」在蛇這個誘惑者的嘴裡已經只是個神而已了，而女人在回牠的時候，也同樣用到這個貶抑的稱呼。造物者與其所造之物間的距離就是這樣才被蛇給影射、扭曲，從而成了定局。

狡猾的蛇，問個問題也拐彎抹角。牠的陷阱衝著明確禁令而來，如此一來，才便於掌控整體狀況。牠當然會來陰的，理所當然地便先從造成疑義下手：「什麼！（用一種很詫異、甚至很憤怒的語氣）這園子樹上結的果子，你們一概吃不得嗎？」（〈創世記〉第 3 章第 1 節）

好個動搖夏娃意志的戰術：蛇喚醒了她的疑問、埋怨、不服氣。而且牠的弦外之音還暗指：只要被禁止了一樣，到頭來全都會被禁止！放諸四海皆準且永恆不變的真義：除了一件事不許做外，什麼都可以，說穿了就不是真的全都可以！所以牠才說：你們一概吃不得！

幸虧女人相當受教，對上帝的囑咐牢記在心，不但沒被蛇給唬住，應付起蛇來甚至還挺游刃有餘的呢！她指出禁令與其極限，這個帶有她個人意見的小地方可有意思了。她說：「我們不能吃那種果子，甚至連碰都不能碰！」（〈創世記〉第3章第3節）

夏娃會這麼答覆，真是令人不解，她竟然在禁令之上又加上了禁令；上帝又沒說不能碰。在一篇這麼重要的經文中，哪怕一個詞、一個子音、甚至沒出現的字眼都很重要，這種小地方絕不僅僅是個小地方而已！

搞了半天，而且毫無疑問，原來因為她有自知之明，知道要是去碰了那顆禁果，就非常有可能會因無法抗拒，最後真的把它給吃了。所以夏娃幫自己設了第二道防線，自我加強心理建設。對她來說，碰到禁果就已經等於沒命了！

蛇先把上帝給降格、貶低成普通的神之後，又把女人的目光引到禁令上。那個女人才因而考量起自己被剝奪了些什麼，或許還開始對死產生恐懼，甚至還會想到，碰碰那顆沒什麼大不了的果子就會死，實在太離譜了。

提供了盡善盡美天堂的上帝，這下子已經成了帶威脅性、心胸狹窄、不公平正義的「神」。

嚼舌根

正當蛇暗中搞破壞，顛覆既有參考準則，造成疑義之際，當然也引起了恐懼！而且就是因為牠說：別害怕！這真的非常惡毒，因為牠喚醒了亞當跟夏娃從未體驗的恐懼感。但是，我們之所以或多或少都會怕死，那是因為我們知道死亡是怎麼一回事，那是因為很遺憾地，我們曾經在身邊接觸過或者體驗過親友死亡。但這史上第一對夫婦卻還不知道何謂真正的死亡。對從未見識過死亡的人而言，死——是什麼？

有必要怕死嗎？

「別怕」——越這麼說才越會怕！

而且，故事接下來的發展也顯示出歷經禁果那段後，這對命運多舛的夫婦發現自己還真的「開了眼」：男人和女人看到自己光著身子，倏地怕了起來！

恐懼遂由這扇門進入人的心中。

那條蛇的話真的很多；最要緊的是，牠的舌頭還是分叉的。就是舌頭分叉的這個奇怪的事實，才讓蛇成了「話中有話」的最佳代言人。因為要是我們仔細琢磨的話，蛇說的並沒錯。牠的神力可不是浪得虛名的，牠想好的說詞是：男人跟女人吃禁果才不會死 ！事實上，蛇的「蘋果」也的確不是巫婆給白雪公主吃的那顆，就算咬上一口也不會當場暴斃。

亞當和夏娃以為吃下禁果好比吞下氰化物，會四肢僵硬，暴斃身亡，那麼蛇說得沒錯，那並不是真相。但是，故事接下來的演變卻揭露了上帝口中威脅他們的死亡的真正意思：到那時為止，取上帝模樣做出來的人卻不同於上帝，人是會死的！但蛇卻故意話中有話，掩飾住了人本來就跟上帝不同的這個事實。

蛇先勾起疑慮，旋即又去除了此一疑慮：你們不會死！

接著牠又披露上帝暗藏的意圖：想利用禁果去制約人，讓人沒辦法完全自由。蛇嘗試著對女人示好、迷住她、催眠她，以下就是牠的招數：「其實，這果子會讓你們有知識去辨罪惡、明是非、擁有判斷權，也就是說具備成為法官的能力——像上帝一樣！吃了以後，你們就能變成這樣。上帝唯恐失去祂的特權，所以才拒絕與你們分享！」

牠這麼一說，很清楚地，上帝成了壞心的那個，有副好心腸的是撒旦！

況且，誰不夢想當上帝，並取而代之呢！

只要能投其所好、說到心坎兒裡，想設局陷害某人就易如反掌！不過，我們在夏娃的心坎兒最深處又找到了些什麼呢？

我們讀經時，有時會流於簡化《聖經》或僅就教義去讀經，甚至還會因埃比納爾⑤印刷品而犧牲，因為好幾世紀以來，藝術家出版的印刷品都是我們自己的憑空想像。姑不論伊甸園那段情節想表現些什麼，為什麼有蛇在一棵樹中游移，為什麼有一名裸女在採摘果子，即便將這些暫且擱置一旁，還是有好幾個別的問題依然無解。

比方說，神聖如《聖經》者，卻出現了一條會說話的蛇……這稱得上嚴謹嗎？

某些人會回答說，《聖經》裡面還有例子，動物也會說話——先知巴蘭（Balaam）的那頭毛驢⑥。沒錯，的確有其他動物會說話的例子；但這頭毛驢是代替上帝開口的，正由於先知不願意當上帝的發言人，所以才責備那位先知。因而會說話的蛇與毛驢兩者平行，毫無交集，也就是說完全不搭軋。

還有一個問題：蛇誘惑夏娃時，為什麼亞當明明好像就在旁邊，可是卻似乎充耳不聞，亞當他既沒捍衛上帝、也不保護妻子，外加也不幫夏娃去抗拒誘惑？因為經文寫得一清二楚：夏娃吃了，又給身旁的亞當一個！

說得也是，亞當為什麼就沒聽見虛情假意的蛇在說話呢？他沒看到蛇游移到身邊來嗎？蛇在亞當眼裡莫非是隱形的？倘若果真如此，那他為什麼不打斷好像在跟幽靈說話的妻子呢？

全都是腦袋在作祟！

第三個問題：亞當和夏娃「墮落」以後，上帝來了，先問亞當，然後又問夏娃，但卻沒問蛇。莫非祂不想對蛇說話嗎？不是的，因為上帝也有「懲罰」蛇啊！

其實在上帝責備女人的兩句話中間，是有對蛇說話的：

「耶和華便問女人：『妳為什麼這麼做？』

她答道：『蛇誘騙我，所以我才吃了果子。』

於是上帝耶和華對蛇說：『因為你幹下這骯髒壞事，所以才受到詛咒……』接著對女人說（略）。」

蛇是整件事的始作俑者，可是在這段敘述中，牠卻成了女人肚子裡的蛔蟲。在這個女人的內心最深處，我們發現了貪婪，女人覬覦上帝，想變得「跟上帝一樣」。經文的意思似乎是說，蛇並非像圖片、繪畫、彩繪玻璃中所顯示的那般是在夏娃的外面。莫非是由於神話是虛構的，神話中的人物是想像出來的，所以才硬是弄出了個角色，把夏娃身上的蛇給外在化了？這難道不是變相拒絕承認人類身上會有拐彎抹角和奸詐狡獪的蛇存在嗎？

或許這點可以解開謎題：蛇不是在樹叢裡面，而是在夏娃的腦袋裡面。根本沒有對話，而是她在自言自語，內心的獨白罷了。所以說嘛，亞當怎麼能「聽」得見妻子腦袋裡面在想什麼呢？

她身上的那條蛇，就是上帝的神性部分，這個部分有可能造成謎團（猜謎——就是成仙！）⑦，可以帶來想像，要是上帝把世界創造成另外一個樣子，世界不知道會變得怎麼樣。造物主把人造得跟祂像一個模子刻出來的，乃至於也賦予了人想像的力量，甚至創造的力量（在本書第四章中的〈追本溯源—女人造了個男人〉的段落裡還會看到）。

女人任憑想像自由馳騁，想像力反過來冒犯上帝。夏娃終究還是信了自己的判斷（見識到果子的美味與當下就開了眼的高效率……)，而成為她自己的上帝。

下命令、進讒言、降詛咒！

上帝問男人都發生了什麼事的時候，男人答道：不是我，是祢賜給我作伴的女人……他趕緊撇清，自我保護，直指闖禍的是他妻子。這不怎麼公平，尤其是他又加上：是祢賜給我作伴的女人，豈不是暗示上帝沒給他最好的幫手……這還不打緊，他還隻字未提到蛇，光一味堅稱：「就是她！」

就是她，接下來上帝就是瞄準了她，衝著她發問。若說上帝在責備女人的兩句話中間，插了一句對蛇說的話，難道不正是因為上帝看出蛇就在她身上嗎！

蛇哪兒都不在，蛇——就在她身上。

這個說法並不是種控訴女人的新方法，若真是如此，那未免太過輕易就跌入厭女症的陷阱了。這種說法僅僅顯示，貪婪的毒菌是藏在人類自己身上。延續此篇基礎經文之義理，整部《聖經》中甚多扉頁都提到，原罪是透過單一的一個人（而非女人）而進到這個世界的，而將透過單一的一個人得到拯救。

還有一點值得一提。雖然許多差勁的《聖經》譯本都說「上帝詛咒蛇」，其實，希伯來文善本上所記載的卻不是如此：於是上帝耶和華對蛇說：「因為你幹下這骯髒壞事，所以才受到詛咒……」換句話說：蛇是因為意有所指的話中有話，才自己詛咒了自己！分叉的舌頭說話自打嘴巴；舌頭自己害了自己。即使不相信這些善本經文的人，想必也都會接受此一教誨！

①「舌頭分叉」指善於說謊者，一張嘴說著兩種話。

②關於現代醫學標誌的「蛇徽」，通常指太陽神阿波羅之子醫神阿斯克雷皮斯（Aesculapius）手持纏有一條蛇的權杖。至於本書作者稱說之「蛇徽」緣由來自於摩西的手杖，則較鮮為人知。

③出自《舊約・利未記》第 19 章第 26 節。

④希伯來文中原為 Yahweh，Yahvé 是法文的寫法。天主教中的「雅威」，便是基督新教中的「耶和華」。

⑤Epinal，該地印製的圖片極受歡迎，一般都是某個宗教場景、某個神話、某歷史事件或某個名人的圖樣。

⑥請參閱《舊約・民數記》第 22 章。

⑦法文中的「猜謎」（deviner）與「神仙」（devin）之字源相同。

4 史上第一樁謀殺案

光該隱和亞伯兩兄弟，就搞出了樁謀殺案！該隱究竟受到什麼唆使，竟然會除掉親弟弟？亞當的兩個兒子卻造成上帝恩澤與母親溺愛起了衝突。殊不知上帝似乎才該為這樁罪行負責，因為祂一副偏心亞伯的樣子，才引起了該隱嫉妒，因為他無法忍受自己不再是上帝的最愛。（請參閱〈創世記〉第4章）

先來猜個流傳甚廣的謎語：是誰一下子就殺了四分之一的人類？

不用想了，答案就是──該隱。

的確是的，根據《聖經》記載，尤其是〈創世記〉第四章，亞當和夏娃的長子該隱殺了弟弟亞伯。也就是說人類才剛出現沒多久，就開始自相殘殺了。

與任何基本文本一般，關於這段故事來龍去脈的說法也有好多種版本。諸位可別忘了一個小細節，這個費了後世許多筆墨與染上些許鮮血的情節，其實在原經文中只有寥寥數行！

亞當與妻子夏娃相認。夏娃懷孕，生下該隱。她說：在耶和華的幫助之下，我得到一個男人，把他給帶到世上來了。後來又生一子，即該隱的弟弟亞伯。亞伯成了牧羊人，該隱成了農夫。過了一陣子，該隱拿了些田裡產的果子，作為供奉耶和華的祭品。亞伯亦然，也帶來了羊群生的頭胎與其油脂。耶和華惠顧了亞伯與其供品；卻沒對該隱跟他的奉獻瞧上一眼。該隱大怒，滿臉不悅。耶和華問該隱：你為什麼一臉陰沉、不高興？假使你做得對，就可以重新抬起頭來，假使你做得不對，罪孽就埋伏在你的門口，想捉住你、加害於你，就看你能否制服它了。然而，後來該隱在田裡跟弟弟亞伯說話的時候，突然撲向弟弟，把他給殺了。耶和華問該隱：你弟弟亞伯呢？他答道：我不知道，難道我是我弟的守衛嗎？於是上帝就說：你都做了些什麼！你弟血腥的吶喊從地底直達天聽。現在，你被降以詛咒。你必遠離大地，因你手上滴下弟弟的血，淌進了大地張開的口中。就算你耕種大地，它再也不會讓你豐饒。你必膽顫心驚，到處流浪。（〈創世記〉第 4 章第 1 到 14 節）

波特萊爾的《惡之華》裡，就納入了一首受到這段《聖經》故事啟發的詩；該詩題為〈亞伯與該隱〉。波特萊爾的結論就證明了他偏愛長兄，他還在詩中幫兇手平反，筆下的該隱與亞伯不再是兩兄弟，而成了兩種對立的人性原型。

從這位詩人所處的歷史背景（十九世紀）看來，他這麼安排是別有用心的。弟弟亞伯，代表統治的中產階級；哥哥該隱，則是受到排擠的廣大人民。該隱是兩種速度下成長的社會所造成的不公不義的象徵。套句今日的說法，就是——社會斷層。

那是革命的宣告：低階法蘭西推翻高層法蘭西。在波特萊爾的詩中，該隱的子孫最後終於登天，還把上帝給攆走了。

亞伯那支：吃喝酣睡；
上帝朝爾等得意地笑。
該隱那支：身處爛泥；
匍匐爬行，爾後慘死。（略）

亞伯那支，恥辱臨頭：
狼牙棒制服了矛頭！
該隱那支，榮登天庭，
把上帝給扔到地面！

詩人這是在分析與釋義。波特萊爾之體悟固然受限於當時的環境與歷史氛圍，但是，把兄弟倆當成人性的兩大原型，對一個無法確定是否有神存在的不可知論者來說，他的直覺還是挺敏銳的！他幫該隱造反的行為說話，何況，我們在讀經時，的確也看到了很明顯的不公不義。該隱殺害了弟弟，那是因為他不堪忍受上帝把亞伯當成最愛。該隱的所作所為當然很嚴重，可是，如果上帝很公平，沒表現出偏心，兩兄弟間的關係依然會很好。就是因為上帝的態度，才讓這對兄弟鬩牆，成了敵人。因而我們不該像《聖經》那般去譴責該隱，也不該如同一般《聖經》讀者那樣就把該隱給定了罪，而未念在其情可憫而酌予減輕他的罪孽。上帝才該為該隱與亞伯間的愛恨情仇負責。

死亡在墳塋中注視著該隱

波特萊爾想幫該隱脫罪，雨果則把該隱視為賭徒，雨果甚至連在詩中都重述了那段《聖經》似乎已然忘懷的故事。在〈良知〉（*La Conscience*）一詩中，雨果強調該隱的病態遊蕩，一心想到離上帝越遠越好的地方去。就算一般人記不完整這首名詩，最起碼也不會忘記最後這幾句：

於是他說：「我想住在地下
如同一個孤零零的人在其墳塋之中；
什麼都再也看不到我，我也什麼都再也看不到。」
接著他便獨自走到這黑暗的穹頂之下。
在陰影中坐在一張椅子上，
地道在他面前關上了，
死亡在墳塋中，注視著該隱。

說真的，該隱常被當成壞人，亞伯才是好人。甚至連耶穌的其中一位門徒約翰——就是貢獻了一部福音書、〈啟示錄〉和一些使徒書信的那位——連他都在其中一封信簡中寫道：「原來你們從起初所聽的訓令就是：我們應彼此相愛。不可像那屬於惡者和殺害自己弟弟的該隱。該隱為什麼殺害他呢？因為該隱自己的行為是邪惡的，而他弟弟的行為則是正義的。」（〈約翰壹書〉第 3 章第 12 節）

約翰就是這麼說的！你我哪能不接受耶穌愛徒（莫非耶穌也有偏愛嗎？）的解釋呢？但是，約翰對「該隱為什麼殺害他呢？因為……」的解釋無法令人滿意！再說，這名福音傳教士又比我們對該隱的行為多知道些什麼呢？

《新約》中另有一篇經文也對這段情節釋疑，解開了縈繞你我心頭的謎團。〈希伯來書〉中寫道：因著信德，亞伯向上帝奉獻了比該隱更好的祭品……(〈希伯來書〉第11章第4節)作者在此似乎傳遞出了一些讀經者到目前為止尚未感受到的訊息。倘若果真如此,那麼作者如何能在好幾世紀之後,提出亞伯都是因著信德,才得到了上帝的另眼相看呢?

我並不想質疑約翰的判斷,也不想懷疑〈希伯來書〉不知名的作者——只不過這兩者的說法,跟我們想透過《聖經》去解釋《聖經》的想法有所矛盾——但是我必須承認,我對這些稍嫌簡短的解釋並不滿意。況且,倘若無法將描述〈創世記〉人類祖先後裔之基本經文所暗藏的線索抽絲剝繭,予以解碼、解密,就等於是對它的一大污辱。

追本溯源

咱們還是追本溯源,從源頭調查起吧!

在了解該隱和亞伯的衝突之前,得先搞清楚整起事件的背景,以及像這樣的一篇經文——既具歷史性又具創建性、既帶象徵性又帶教育性——所要傳遞的意義。

第一點,而且是最重要的一點:該隱的出生等於宣佈戰勝死亡。我解釋一下。伊甸園傾頹之後,亞當和夏娃面臨被逐出園外的新情況,然後夏娃就懷了第一胎。很值得注意的是,我們從字裡行間得知,男人與女人打從得知自己會死的那一刻起,才總算回應起先前的神諭:生吧!長吧!沒錯,當我們知道自己總有一天會死,就會想躲避死亡,就算辦不到,也會想藉由生育去延續生命,這樣才不算完全死去;繁衍後代是一種並沒完全喪失生命的方式。何況亞當幫妻子所取的名字也不是白取的，只不過現在這對已被逐出樂園的夫妻身陷險境；不過，好歹取了名字：夏娃（Eve），就是生命的意思！毫無疑問，男人就是藉此表達他對命運的懇求。而當女人懷上了孩子，這下子又成了夏娃當下踹了死亡一腳，給它好看了。

於是夏娃就幫亞當生了個兒子，藉此違抗了、逃過了完全被判死刑。

今日我們會覺得生兒育女好像很理所當然，別忘了當時的時空背景，那可是在太初、人類之始啊！每個新生兒的重要性也同樣都非比尋常。

男人與妻子夏娃相認。她懷了孕，生下了該隱到這個世界來。她說：「我與上帝造出了個男人！」①

上面這個翻譯相當精確地點出了事件的導火線。身為調查員的我們，備忘錄中得納入幾個注意事項：

第一、此處經文寫「男人」而非「亞當」。根據《聖經》的邏輯，名字就是人，甚至代表了那人的個性，沒有指名道姓者就等於被刪除了。在前面的章節裡，我們注意到夏娃是如何貶低上帝聖名（以「神」這個通稱取代「上帝」）；這會兒，輪到略而不提她丈夫了。縱使《聖經》中數度提到亞當與妻子夏娃的關聯，但他們夫妻似乎關係不佳，夏娃也為了接近上帝，扮演著「母親—創造者」的角色而疏遠亞當。所以上面那番話的言下之意便為：「我做了、我創造了，我與上帝造出了個男人！」

夏娃似乎意有所指是上帝祂自己播的種。走筆至此，好像有似曾相識的感覺：跟《舊約》一般，《新約》也始於一名女子，她自稱上帝「訪視」過她，隨後產下一子。《舊約》中是夏娃，《新約》中則是瑪利亞。然而，這兩則故事的撰寫人卻相距數千年之遙。

由於〈創世記〉經文中並沒確實提及亞當跟夏娃的關係，所以我們幾乎可以相信上帝就是該隱的父親。亞當「被忘了」、被取而代之了。相反的，「夏娃—生命」卻因產子而變得從此跟上帝一樣，因為她會創造生命，而且還孕育了個「男人」（不是 *Ben*「兒子」，而是 *Ish*，*Ish* 就是「男人」的意思）。我創造了某人！我是造物者！此乃一神聖之勝利宣告。

第二、該隱。經文中馬上就寫出孩子的名字，簡直像在挑戰被遺忘了的亞當似的。這個突然蹦出來的名字更加深了與亞當間的鴻溝，因為亞當他連名字都為人所遺忘。

「該隱」（Cain），這個名字有好多意思，希伯來文記為 *Qayin*。我們可以找到好些 *Qayin* 的解釋，怪的是，它們好像成套似的，好比說生產、獲得、製造或生育（*Qaniti*），組成該字的子音字母為 *QN*。

Qayin 是從動詞 *qanah* 而來，有得到、購買之意。

但也另外暗藏深意，那就是參考了 *Qana* 一詞，這個詞作「嫉妒」解。這個線索很有趣，因為該隱的確就是因為嫉妒才闖下大禍的。

一提到「該隱」這個名字，直接就與動詞「創造」有關，因為夏娃說：我造出了個男人。

也就是說那名孕婦（她得到了而且會賜予生命）宣告勝利的大叫，就說明了一切：她是時間和歷史的主宰，她是上帝的情人，她將兒子視為戰利品，而且她實在是功不可沒！

別忘了男人是用黏土做的，上帝做出男人之後，才取亞當的骨肉，造出了女人。這下好了，這會兒出現了個新循環，誕生了個新風格；而且從那時起就成了自然、正常又標準的製程。從此以後，所有人類都是透過女人腹部這個母體來到人世。女人——確實是男人的未來！

這兩條線索不是為了好看、白白出現的！它們同時既顯示出了這是人類針對自己被宣告會死的一種報復，也顯示出了女人所扮演的角色取得了勝利，女人完成了「夏娃—生命」的使命，同時也將希望寄託在兒子身上，但願他們前程似錦，許他們一個更美好的明天。

第一個也是最後一個

猝然，烏雲罩頂，威脅來了！或許正是陰謀的起源與癥結之所在。

夏娃後來又產一子，即該隱的弟弟亞伯，基本文本以釧刀般的嚴峻如此寫道。

該隱出生時，夏娃發出勝利的歡呼，宛若對道德的挑戰，亞伯的到來，則僅僅輕描淡寫地介紹多了一個孩子，兩兄弟的誕生簡直有天淵之別。心理學家們指出：隨著老二的誕生，「分享」的問題也旋即產生。其中馬塞爾．胡佛②就說道：「『老么』（*le cadet*）一詞的詞源，原本就作『入侵者』解：指深入他人生活中的那人，他本來就是『多出來的』。」

該隱這個名字的意義清楚明白，甚至還暗示其來有自（「該隱」為「得到」之意）。可是，亞伯就單純只是「亞伯」而已，何況，跟老大的名字相反，老么的名字則非常可笑，「亞伯」（Abel）意味著：呼吸、蒸氣、虛榮。

夏娃——該隱和亞伯的母親——早就對他們倆大小眼了，還把他們兩人分開，終至造成決裂。一個兒子雀屏中選，得到母親青睞，另一個則看了就礙眼。從一開始這種分化就很清楚，兩個男孩子的個性不可能不受到影響。

由於經文本身記載不多，故而得抓牢每個字眼與細節，方能釐清線索。我們可以透過接下來《聖經》介紹這兩兄弟使用的字眼去做進一步觀察：亞伯成了牧羊人，該隱成了農夫。

光是介紹這兩個男人的工作時的寥寥數語，作者就優先介紹亞伯。很明顯地，作者做了選擇，低調地表現了出來。的確如此，他對兩兄弟的介紹雖與夏娃產子順序相左，但卻順著夏娃的偏好。

亞伯是牧羊人，上下文中顯示出他居無定所。該隱呢？他則個農夫，而且與亞伯不同，他居有定所。可是該隱所耕種的土地，卻於之前就受過上帝詛咒③。

上面這點很快就會引起積極研究該隱錯誤行為的學者專家重視，他們一心想找出上帝偏愛亞伯、而非該隱的原因，或許透過兩兄弟所選擇的職業，可以得出個結論。的確，耕種受到詛咒的土地，還從中獲得農收，就算不至於害上帝食言，最起碼也好像往上帝的「鼻子上踹了一腳」！

但是一個嚴謹的研究員則會注意到，其實上帝的詛咒是與在田裡幹活無關的；上帝反而希望人類去耕耘土地。

不過，話說回來，該隱有可能想透過耕耘土地去重建伊甸園；是種緬懷過去的方式。

我們原本以為從以上兩個觀察中找到了上帝「關愛的眼神」，也可以說「不高興的一瞥」的原因，可是——這樣正確嗎？並不真的能夠服眾，所以我們還是繼續進行調查吧！

過了一陣子，該隱拿了些田裡產的果子，作為供奉耶和華的祭品。亞伯亦然，也帶來了羊群生的頭胎與其油脂。

兩人都將自己的工作成果奉獻給上帝。該隱採取主動，亞伯起而效之。不過，我們該先問下面這個問題：上帝又沒要求，該隱幹嘛要奉獻供品給上帝呢？八成該隱自有盤算，於是才發明了奉獻供品給上帝的宗教步驟。即使他沒見識過伊甸園，也絕對認識這個上帝，因為這幾個人類始祖的故事與冒險，上帝都全程參與，從沒缺席過。無庸置疑，男孩該隱跟他父母、甚至連亞伯都一樣，他們都知道自己與造出他們來的造物主之間有道鴻溝。不過，一旦有了鴻溝，人就是會很直覺且隱隱約約地感覺到需要調解斡旋。而接下來整部《聖經》也都會一直在解釋獻祭為何是個中介場合的原因。信奉宗教（religion）的人，必須與上帝聯繫（*religaré*）④。該隱在受此鴻溝苦惱之餘，供奉上他種植的果子，表達出他想與造物者上帝協商的期待。

所以囉，即使上帝什麼也沒要求，怎麼能不向該隱自動自發去與上帝聯繫的行為致意呢？透過獻祭的行為顯示出他很注重與上帝和解、表達重新祝聖的心意。可是，出乎意料之外的是，這個現在已成為慣例的精神上的大奉獻，最初竟踢到鐵板。

該隱慘遭失敗，不過倒是啟發了亞伯，他也想對上帝表達心意。於是老么也表現出了同樣奉獻供品的慾望，並奉上工作成果。

仔細的讀者就會注意到，該隱供奉他收成的果子，但是《聖經》提到許多祭祀與供品的扉頁中，都推薦去奉獻初次收成，而不要奉獻季末成果。換句話說，應當奉獻給上帝牲畜的頭胎與農作的頭批收成。實際上就是指該把第一次獻給上帝，以表示對未來信仰忠誠之承諾。亞伯奉獻的時候就是這麼做的，他獻上了頭胎的小羊羔。

該隱錯就錯在這兒！所以上帝才蔑視該隱的獻禮卻稱許亞伯的，誰叫該隱奉獻給上帝的供品都是剩的！

以上這個推論是很可能的，除非……除非當時尚未明文規定祭祀獻禮的相關律法，所以上帝也就不會根據尚未存在的律法而去評斷兩人的供品。

心意最重要！

況且，就算上帝有對奉獻給祂的供品做過精確指示，祂自己也說過，果子、頭胎、油脂、羊羔或其他小牲畜，這些都不是最要緊的，最重要的是獻祭者的心意！

那麼上帝看重的應該是「心」囉？這是一定的。所以《新約．希伯來書》的作者才突然想起這點來，於是寫道：因著信德，亞伯向上帝奉獻了比該隱更好的祭品……

那麼……問題就解決了嗎？

就算真是這樣，還是值得好好推敲一下這個簡潔的句子：耶和華惠顧了亞伯與其供品；卻沒對該隱跟他的奉獻瞧上一眼。

上帝的這種認可方式令人難以釋懷，這才是令該隱和亞伯感觸最深的地方。

這下好了，神學家又成了心理學家、社會學家、人類學家了！神學家認為上帝對待該隱的這種行為只是種表達憂心的方式，以及每個人的自問，也就是說這邊的經文其實又是指人類整體。

我們可以用更基本的方式自問：「為什麼是他而不是我？為什麼是我而不是別人？為什麼他就很好運，我就很衰？為什麼衰神老降臨在同樣的人身上？為什麼他做什麼就很容易，我做什麼就很困難？」在所有這些問題的背後，還暗藏著另一個最重要的疑問：「我到底做了什麼？還是沒做什麼？所以才變成這樣？」

以下才是這段經文最重要的問題：亞伯到底行了什麼功德才讓上帝如此認同，該隱卻一點都不討好呢？該隱到底沒行什麼功德，所以才得不到上帝青睞呢？

是的，對整體人際關係而言，功德的確是很合邏輯的解釋，很合邏輯地可以得到報酬與獎勵，這種說法是放諸四海皆準的。

然而，雖然好多宗教也立基於功德、賢良、品德（連某些基督教會也包括在內），但是就《聖經》而言，很清楚的，功德卻並未被列入考慮，有功德並不見得就討好。因此，我們無法因而便斷言說亞伯是透過自己的行為才得到上帝惠顧，而該隱則因功德不夠，所以上帝連看都不看上一眼！

我們莫非在原地打轉？

不見得，只不過呈螺旋狀邊轉邊上升罷了！其實上帝就是看到獻禮後才開口的。該隱和亞伯，懵懵懂懂中，找著引起上帝注意的方法，希望能得到上帝關愛的眼神，任何人在面對偶像時，都會這麼反應。可是直截了當地對上帝說：「看看我啊！」可是得冒險的。因為上帝不看則已，一旦看了，就會看到遠比仰慕者所想讓祂看到的多。

供品就這麼引起了上帝的注意力，祂看著「自行靈修」的兩兄弟。上帝對任何人的注視是不會僅止於觀察儀式本身，也不會光考慮禮儀的形式：上帝看得更遠、更深，祂看到的不僅是現在，也看到了這兩人的一切。

一天，上帝說道：你們不能討我歡喜。我要的是一顆純淨的心，一個虔誠的靈魂。要想理解「上帝的腦袋裡」都在想什麼，便不能忽視上面這句《舊約》所記載的上帝的回應。

而且《聖經》裡的上帝看人的時候，總先注意輩分小的、謙遜的、貧寒的、受到忽視的、受到排擠的……祂注意到所有的「亞伯們」，因為他們往往都只是些被忽略的、「多出來的」、「像蒸氣一般的」。

亞伯是他兄長的影子；是他母親多生的。原本他什麼都不是，突然就受到上帝青睞，成了上帝的最愛。

上帝並沒有馬上制止兩兄弟的行為，只是看在眼裡，並以他們平日整體的所作所為來當成評斷的依歸。

上帝最後得出的結論是極其簡化的：就因為夏娃和該隱都沒給亞伯好臉色看，所以亞伯才能得到上帝厚愛。

於是，該隱因嫉妒而導致悲劇，謀殺了亞伯，還以為從此就太平了。殊不知他的苦日子才剛開始，該隱才真該擔心呢！

①這段經文雖出自〈創世記〉第 4 章第 1 節，惟各通譯版本間稍有出入，例如和合本譯作「耶和華使我得了一個男子」。

②Marcel Rufo，法國當代知名兒童青少年精神科醫師。

③亞當與夏娃偷吃禁果後，上帝震怒，降下詛咒：女人要倍受懷孕之苦；男人則得在受到詛咒的土地上一輩子辛勞，方能勉強果腹。請參閱〈創世記〉第 3 章第 16-17 節。

④Religion（宗教）的詞源為 religaré。Religaré 的意思為「(相)聯繫」(se relier)，也就是說宗教之目的在於與上帝相聯繫。

5 與天使共枕？

於是地球的人口就這麼多了起來，有一說是因為神子（天使！）去誘惑人類的女兒才得以繁衍的。天使與凡女相交之後，生下了好些個巨人，即《聖經》中所謂的「古早時代的英雄」。那些看似沒有性別的天使是誰呢？那些違反自然，人神結合所生下的巨人又是誰呢？（請參閱〈創世記〉第6章）

對《聖經》的讀者來說，尤其是對那些很重視字裡行間行文的人而言，〈創世記〉前面幾個章節真的很傷腦筋，因為裡面出現了好幾十個找不到滿意答覆的問題：上帝創世時，每日天氣如何？第一章和第二章中所描繪的創世為何如此不同呢？第一章中作者僅是很粗略地概述創世過程，但第二章中卻出現了個好樣品，作者甚至還把我們帶到「伊甸實驗室」中。還有，蛇的試探有何意義呢？亞當的兒子們又是跟誰傳宗接代的呢？

就是因為女人不夠！

最後這個問題不簡單。根據《聖經》經文記載，亞當與夏娃有兩個兒子，在亞當與夏娃當上祖父母之前，大兒子該隱就殺了二兒子亞伯。有些人試著找出兩人間的爭端，以解釋亞伯被該隱殺害的原因：他們倆愛上了同一個女人。

但是，不僅是《聖經》經文本身並沒出現會引起這種聯想的暗示，而且，在這部分的《聖經》中，除了夏娃外，壓根兒就沒提到有別的女人在場。

也因為夏娃是唯一的一個女人，有些人才認為該隱沒別的選擇可傳宗接代，只能跟母親生兒育女！支持這種理論的人，好像並不會因這種間接（甚至直接）受到上帝壓制所導致的亂倫而感到不安！他們認為：好歹總得做點什麼才能確保子孫綿延啊！並進一步詳加說明：反正當時的種族本來就異常純淨（別忘了那才在人類始祖階段），所以沒有風險，不用害怕血親關係上會造成混淆或出狀況。

由於《聖經》在別的情況下也有提到種族純淨，於是此說又被用來解釋《聖經》中的人類始祖之所以那般長壽的原因。其中最長壽的人瑞冠軍首推諾亞的祖父瑪土撒拉，他活了一百六十九歲（於是我們才會以「老得跟瑪土撒拉似的」來表示某人很長壽）。

這部分《聖經》裡沒提到女人，或許純粹只是忘了要寫出亞當跟夏娃也有生女兒而已。的確，在中東人的思維中，家譜裡面是不會提及女兒的——除非極少數特殊情況，才會有例外。因而，該隱和亞伯搞不好有姊妹！不過，這種說法又再次有點薄弱、說不過去了！

該隱殺害了亞伯後，亞當和夏娃有了第三個孩子，但又是個男孩，取名塞特。

雖然可能會有點困擾，可是還是得提一下古代的情況。如果《聖經》前幾記的作者真如傳統以來大家所相信的那般是摩西的話，那就得記住這個摩西可是從小在埃及法老的深宮內院長大，從小浸淫於埃及文化的。對我們這些身處後現代文化的人來說，古埃及那種保存王朝的方式相當奇怪：法老確實可以跟女兒、甚至姊妹生兒育女！那是另一個時代、另一種道德觀、另一種習慣！

問題還是沒解決：該隱和塞特到底跟誰傳宗接代呢？要是當時世界上真的只有他們一家而已，那答案就會讓人不怎麼舒服。到底該認為他們是跟媽媽？還是跟姊妹同床共枕的呢？令人左右為難，很難取捨。就是在諸如此類的狀況下，光就宗教義理角度去閱讀《聖經》，才顯出會有限制在。

對某些釋注《聖經》的學者而言，大紅人亞當一家在世的時候，這世上有可能、甚至非常有可能另有他人。反過來說，要是亞當跟夏娃留在伊甸園，往後他們兒子就可能真的沒機會遇見別人，沒機會邂逅別的跟他們長得很像的、別的人類。何況，既然上帝吩咐得照料伊甸園，搞不好就是因為怕會遭到外界威脅！因為要是世上沒有其他的人、其他比他們更野蠻的人，那麼危險從何而來呢？

上帝下令亞當去多生、多長，祂一定知道想履行這樣的使命，得搭配許多精確的條件。並且是人類自己得去找出解決辦法。

但是，之後的《聖經》又出現了個細節，那就是當《聖經》在概述從亞當到諾亞一支前面幾個族長的時候。《聖經》特別提到：「亞當一百三十歲時得一子，長相與他一模一樣，取名塞特。塞特出生之後，亞當又活了八百年，並有了其他的兒女……」（〈創世記〉第 5 章第 4 節）。

另外，自從亞伯死後，該隱躲著上帝，逃得遠遠的，於是便來到挪得之地。《聖經》提到了這麼一個地名，卻沒人可以確切定位出這個地方。另一方面，《聖經》馬上又寫道，該隱在挪得之地遇見了一個女人，並娶她為妻。兩人同房後，生下以諾。

這段經文不就暗示了，離伊甸園很遠的地方另有居民，該隱未來的妻子就在那些人裡面。根據基本經文，人類就是這樣才總算得以繁衍，漸漸佈滿大地。然後，才有了這個又有點含含糊糊、解釋不清的故事。這便是謎樣的〈創世記〉第六章經文，該經文如下：

人類開始在世上繁衍後代，家家戶戶都生了女兒。神子們看到人類的女兒很漂亮，便將所有他們看上的都當成妻子。耶和華於是說了：我的靈性不會一直留在人身上，因為人只不過是血肉罷了；人的壽數會有一百二十年。在那些日子裡——那些日子過後依然——這世上便有了拿非林①。他們是神子找過人類的女兒後，她們所生下的孩子：是古代大名鼎鼎的英雄。

且讓我們點出這篇經文的怪異之處——

表達方法：家家戶戶都生了女兒。

「神子」在場。

拿非林出現！

危險關係

首先，《聖經》寫道：人類開始在世上繁衍後代，家家戶戶都生了女兒！我們可以用正反兩面去解讀這幾行。從反面看，甚至可說甘冒大不諱的角度看：就是為了男人、為了身為消費者的男人的樂趣，所以才生女兒的。莫非「把女人當成物品」便起源於此？倘若果真如此，這真是個可悲的發現！不過，還另有一種較為正面的方式去詮釋這段經文：是為了人類，所以才生女兒的。為了「人類」？暗指不是為了其他類別或品種！換句話說，不是為了其他的……其他的？……其他的什麼「類」呢？

問題就出現在接下來的經文，暗指「神子」來與人類的女兒結合。

這裡表示得很清楚；的確是說到兩種類型的「人」。《聖經》既然會一方面提到神子，一方面又說到人類的女兒，就代表有兩種差異既明顯又不同的「品種」在現場。

此外，當《聖經》用到「神子」一詞時，通常指的是神明、天使或來自他方的神祇。就是「神子」一詞本身的意思，才更加深了神祕感。難道那些「外星人」竟然拜訪過地球？尤其是……竟然還進了閨女們的繡房嗎？

令人困惑的是，這些「天使」並不怎麼像天使。他們會看女人，而且還會說她們「很好」(用詞典雅或低俗與否不在討論範圍內)。他們用的形容詞跟上帝在創世時所說出的如出一轍，當時，上帝稍微退後了兩步，凝視著自己的傑作，接著便說一切都「很好」，甚至「非常之好」。

況且，經文還記載這些覺得女人「很好」的「神子們」把她們「當成妻子」。這又是個雙關語，再想一下就會豁然開朗了。因為這跟當夏娃採摘禁果進而食用時的說法是一樣的！只不過這邊採取「很好」的另一個意思！夏娃是因為味道一定「很好」②才採摘的！所以她才會偷嘗「禁果」的。

於是「神子」便把那些似乎保留給男人專用的女人當成妻子（「家家戶戶都生了女兒」！）。這不啻又是對上帝的當頭棒喝，因為《聖經》開宗明義就訂下規矩以避免混亂：上帝分開了光明與黑暗、地與水、人世與天穹、晝與夜，還有……神與人。可是，這……這下子神卻跑來跟人混在一起！簡直就超出上帝的忍耐範圍！祂如何能接受這種混亂再度成形呢？祂怎麼能忍受自己家中的成員（神子）去跟人類瞎攪和呢？

不過所謂的「神子」，他們真的是神仙嗎？真的是天使嗎？「神子」有時用來形容那些有能力、自詡為眾神後代的人，好比說埃及的法老或巴比倫的國王，因為這樣一來，這些「天賦神權」的有力人士便可將一切權利都歸於自己，就連不屬於他們的女人也不例外。這就是這段經文所想暗示的，因為接下來在《聖經》中，可以看到類似的操作，以下就為兩個實例：法老賜給亞伯拉罕一個女人：莎拉，他所持的理由就是她是名美女。後來則有大衛王，他也毫不遲疑地便接收了烏利亞的妻子拔示巴。但是，《聖經》中的上帝不接受自己賦予自己無上權利的人，所以在前面兩個例子中，後來法老跟大衛都受到上帝的嚴厲懲罰。上帝似乎並沒有將女人初夜權與自由進出女性閨房充分授權給諸位大人。而這段經文中所提到上帝兒子與凡人女兒的危險關係，或許才是重點。我們因而也明白了，凡人有一百二十壽歲的限制，天使卻沒有的原因。

不過，當然還有別的解釋的可能性，而且也不可能這麼簡單就能解開奧祕。

耶穌基督以後，從第四世紀開始，教會中的神父們自己進行過調查，發現了別的線索。亞伯死後，塞特取而代之，《聖經》並記載該輪到塞特有兒子了，取名以挪士（Henosch），可別跟該隱的兒子以諾（Henoc）搞混了。塞特得子後，《聖經》作者加上了：「於是人類才開始呼喚耶和華的聖名。」③

所以，塞特的後裔便因而被視為是禮拜上帝的第一代子孫。這裡提到這些，無疑是為了將塞特這支後裔與該隱的子孫加以區分；前者是由崇拜上帝者所組成的，後者則受到上帝詛咒。由此可見，塞特的子孫是由「神子」所組成的，乃屬正宗，只差一步便可登天。從〈創世記〉第六章經文中便可看出，塞特後裔與該隱子孫相比之下，他們是：神子與人女交合所生！

但這點頭緒不足以解決經文的所有問題。第一個蹦出來的難題就是：我們發現，崇拜上帝的那支並沒真的就以非常靈修的方式去跟女人（基本上都是受上帝詛咒那支的後代）同床共枕。而神子與人女交合後，造成最大的問題就是：她生下了奇怪的生物拿非林（*Nephilim*）。拿非林是誰呢？很難真的將這個希伯來詞眼翻譯得很精確。也因而又多出來了一個新的謎團：拿非林就是「那些墜落凡間的生物」！從何處墜落到凡間呢？可能是從天空吧！

整個兒拿非林依然還很神祕。原本為希伯來文所寫下的《舊約》，它最早的希臘文翻譯出現在耶穌誕生之前，那就是《七十士本》（*la Septante*）。但是，《七十士本》將拿非林翻譯成巨人，而且還指稱這些巨人是墜落下來的，暗示著拿非林的神聖來源，事實上所謂的「墜落」很清楚指的是敗壞、沉淪。

《新約》中提到被取消資格的天使的情況：至於那些不守本位又離開自己住處的天使，主用永遠的鎖鍊將其拘留在幽暗中，等候那偉大日子的審判。（〈猶大書〉第1章第6節）

上面這段引文提到神仙，提到將會跟人類混合的「神子」，他們不守本位又離開自己住處，做出不肖的行為。那麼這段《新約》上所提到的情形，是否與我們之前想了解的神子與人女交合的曲折情節很接近呢？或許吧！

我們好像從中得知：那些天使因為做了「違反自然」的行為，有罪在身，所以被取消了資格！

那麼天使的性別呢？

話是沒錯，可是……《聖經》還有它的最佳發言人耶穌都指出天使是不結婚的。的確，有一天，當時有些不相信復活一說的神學家就曾問耶穌，萬一曾多次成為寡婦的女人死了，倘若死後真能又復活了，那麼她到底算嫁給了誰呢？那些學者都認為實在很荒唐。耶穌答道：你們錯了，因為你們既不明白經書，也不曉得主的大能。那為什麼會有第一任、第二任，乃至於第三任丈夫呢？因為復活時，男人不會與女人結合，妻子也不會與丈夫圓房，就像天上的天使那般……（〈馬太福音〉第22章第29-30節）

在耶穌這個令人驚訝的回答中，可以看出天使是以無性姿態出現的。但是，如果天使（神子）是無性的，又怎麼跟人女交合呢？

我們現在要開始研究這個沒完沒了的問題了：天使到底有沒有性器官？耶穌的意思好像是說沒有！可是……耶穌指的到底是「性事」？還是「婚姻生活」呢？

其實《舊約》中不但出現過天使和人類同台的場面，還花了許多篇幅去描述，那就是索多瑪的故事④。

兩名天使去索多瑪城拜訪亞伯拉罕的姪子羅得。全城的男人都聚到羅得的屋前，想要「認識他們」。此處《聖經》上的「認識」就解釋成「性交」！城民的想法清楚明白、直截了當：就是想跟他們——這些「神子」——進行同性戀的行為。「雞姦」（sodomie）、「雞姦者」（les sodomites）二詞就是從這則故事的發生地點索多瑪（Sodome）衍生出來的。

索多瑪城的男人會想與那兩名訪客性交，就代表說那是可能的。也就是說天使應該是有性別的！但是多篇經文似乎卻又互相矛盾，因此很難找出隱藏的真相。

話說被取消了資格的天使便引誘起人類的女兒，這才生下了從天空墜落的巨人；天上聖潔的撒拉弗⑤墜落到人間就成了拿非林！

我們看到，這兒似乎加入了些傳統神話的色彩：神類與人類之間產生了性關聯。《聖經》記載：「拿非林是古代大名鼎鼎的英雄」。那麼是否意味著《聖經》就此宣佈一部有著神仙與半神半人的神話譜系的誕生呢？類似埃及、希臘與羅馬神話那樣呢？有誰知道呢？

但是，為什麼造物主會認為此跨越神人藩籬的關聯不堪忍受呢？為什麼「神子與人女」交合，還因而生下了大英雄，會受到懲罰呢？

高高在上的那些神類的確與那些原本不屬於他們的女人結合了，這才是這部分經文的重點。「神子」自詡的權利原來是個強佔而來與受到禁止的權利。

這段提及違反自然而結合的案例中，人類和神類都在場，因而我們的想像力可以無遠弗屆，不一定非得自限於禁忌的遊戲。實際上，必須理解一點，這段經文顯示出了人類二度想違抗神諭的企圖。第一次的嘗試，部分成功了，那就是在伊甸園所發生的事。蛇——撒旦的化身——設局陷害史上第一對夫妻，終至忤逆上帝、否認上帝。

造物主是絕對要糾正這個缺失的，於是便想出了一種方式以令神人間可以達到既創新又完善的溝通，而且往後將透過女人的後裔去成就這種關係。我們還記得上帝在把亞當和夏娃逐出伊甸園前，曾說過人蛇間的關係必完全改觀，而且因為女人的後裔要打扁你（指蛇）的頭，女人的後裔與蛇對立，人也因此改善了跟上帝的關係。但是，上帝的對手卻兀自盤算著，想透過毒害女人的後裔去打亂上帝賦予女人的這項神聖使命。「神子」不是別的，他們正是惡魔、是不守本位的天使，他們存心阻礙，不讓一心想征服撒旦的女人後裔得逞！

是的，想像的確可以無遠弗屆。

①Nephilim，《聖經》中的巨人族，作者後面會再提到。

②〈創世記〉第 3 章第 6 節：「女人望著那棵樹上的果子，那麼鮮美悅目，味道一定很好，何況還能賜人智慧，忍不住摘下了一個，吃了（略）」。

③此段出自〈創世記〉第 4 章第 25 節。此處所指之「呼喚耶和華的聖名」，即是向上帝祈禱、禮拜之意。

④關於索多瑪，可參閱〈創世記〉第 19 章。

⑤Les Séraphins，熾愛天使。為九品天使之一，侍立天主左右，歌頌讚美天主，高呼聖、聖、聖。

6 大洪水與諾亞方舟

「諾亞方舟」——無疑是孩子們最愛聽的故事之一，因為裡面動物佔有相當重要的份量，所以極受兒童歡迎。但即便如此，仍不能或減這則故事的驚恐成分，因為那是個有關上帝懲罰為非作歹的人類的故事。可是這麼多動物究竟是怎麼聚集起來的呢？牠們又是如何得以在方舟裡保命的？大洪水到底是淹沒了整個世界，還是只有局部呢？方舟又是在哪沉沒的？據說在亞美尼亞的亞拉臘山上發現了方舟的殘骸！（請參閱〈創世記〉第7章和第8章）

只見諾亞腳踏一艘在船塢中修繕的巨船，邊監督著動物成雙成對地到船上來——這無疑是諸多《舊約》巨擘篇章當中一幅最知名的畫面。

孩子們會對這則老故事悠然神往，不就是因為全世界的動物竟然約在一艘怪船上相會，還因而回應了一個更怪的命令的緣故嘛！

且讓我們回想一下《聖經》是怎麼描述這段經過的吧！

一切都因為上帝親眼看到了人類變得非常壞心、暴力、墮落……也就是說合乎人性得不得了！人類每天都只曉得動歪腦筋。《聖經》作者指出上帝很後悔造了人。就跟畫壞了的圖畫一樣，上帝決定要讓人類從地表消失，兀自思索著該怎麼擺脫人類。當我們不想要一胎小貓中的一隻時，我們就會跑到河邊……於是上帝就決定水漫大地，淹死人類。

淹死所有的人嗎？沒！幸虧還有諾亞。

上帝的祕密盤算

在上帝眼裡，諾亞跟他的家人是唯一得到垂憐而倖免於難的。因為諾亞人好、正直，不用說更是造物主的忠實信徒。所以上帝就想赦免這個人，甚至還待之如心腹，把自己驚駭的計畫全盤托出。

茲摘錄該段經文如下①：

耶和華眼見世道邪惡，地面充斥暴行。上帝俯視眾生，看到大地腐敗，人人行惡，走上罪惡的道路。

於是上帝便對諾亞說：

「我心已決，眾生的末日到了。人類使大地充斥暴行；我要殲滅人類，也摧毀大地。你，用含樹脂的木材②造艘大船。船內隔出艙室，裡外都塗上柏油。造法如下：長一百五十公尺，寬二十五公尺，高十五公尺③。想辦法在船頂鑿窗，距兩邊船緣各約五十公分，再把船頂固定上去；側面開一扇門，艙室分上中下三層。而我，我將發大水淹滅大地，天地間所有生物，無一倖免。但是，我要與你立約：你且進到船內，你和兒子們、你的妻子和兒媳們都跟你一起登上方舟。

每種生物各帶上一對，一公一母，跟你進船保命。凡飛禽走獸爬蟲盡皆會消失於地面，唯有那對到你這兒來的得以活命。此外，你當備下各式糧草，以供人畜鳥獸食用。」

諾亞遵照上帝的指示，一一給辦妥了。

載浮載沉的棺材

值得注意的是：這艘後來成為鼎鼎大名的「諾亞方舟」的小救生艇的尺寸是何等精確！的確是鉅細靡遺，乃至於後世 DIY 愛好者群起而效之，紛紛做起了這艘不尋常船隻的模型，還樂此不疲。他們發現諾亞方舟像極了櫃子（此外這也是稱其為「方舟」④的原因），像漂在水面的木鞋。是艘比較像棺材，而比較不像郵輪的船，是座向你我想像力挑戰的水上動物園，一幢散發惡臭、僅靠小天窗流通空氣的建築物：埃比納爾的圖片就是這麼印刷的。在本書後面的章節中，我們會看到這艘船尺寸的數字都別具深意和有確切的象徵性。

這則故事第一個啟人疑竇的祕密就是上帝的態度，祂好像對人類的行為感到很詫異，而且是因不快而感詫異。造人之後，還說「非常之好」的耶和華，這會兒又失望了。得說一句公道話，造出人這種生物來，上帝真的不算有運氣，可是人偏偏又跟祂很像……夏娃把原本應該像天堂般的好日子給破壞了；該隱又殺了弟弟；被取消了資格的天使又冒犯起人類的女兒……這下可好了，全人類都陷入一個既暴力又反常的地獄循環，令造了人的上帝好不後悔！

上帝決定懲罰人類，以抑制惡行肆虐。但祂又再度提供機會給不受教的人類，因為祂從腐敗的世道中精挑細選出了個好樣的：那個由諾亞伉儷、他們的三個兒子與其配偶所組成的家庭，共計八人。

諾亞方舟是個重新開始的好機會，可是，倘若細究起來，就會發現上帝怎麼老是在重新開始。〈創世記〉第一章提到創造宇宙與地球，其中最要緊的是創造了男性和女性；接著第二章中則是有關另外一項創造：已經男女有別的人類在一座美侖美奐的園子；這會兒到了第六章，又刪掉一切，重新開始。諾亞的方舟，亞當的伊甸園——都遠離外界，類似與世隔絕。但是，在宗教語言上，「與世隔絕」卻既是人為選擇、又是上帝挑揀，甚至可說是種聖化。

諾亞可說是在墮落的世道中被遴選為精神領袖的，所以他得與世隔絕，遠離這個世界。「聖潔」（saint）一詞的詞源就有這個意思。

的確，在《舊約》中，「聖潔」一詞有在共同或世俗現狀下與某人或某物分開的意思，而且是為了神聖的用途。

透過與世隔絕，透過上帝賦予他的使命和實際行動，諾亞對（極小）部分的人類來說，成了救命恩人。

方舟則成了個保命器物。希伯來原文形容這艘光怪陸離的船隻所使用的名詞，與《聖經》裡面提到摩西還是嬰兒時，曾被放在柳條籃子裡面，漂浮在尼羅河上，後來被法老的女兒撈起來的那個籃子是一樣的說法，都是 *Tebah*。在現代詞彙裡，這個儼然已成了摩西代名詞的「籃子」，搞了半天，原來就是「方舟」。諾亞和摩西，都登上了船，「服起苦役」來了！

在前文中，我們已經有機會提起過一篇源自美索不達米亞的極其古老的篇章，該文名為《吉爾迦美什史詩》（*Epopée de Gilgamesh*）。

該篇也提到世界起源，是與《聖經》內容相當雷同的巨擘著作，令我們甚感驚訝。在這首史詩裡，眾神決定擺脫喧嚷鬧事的人類，神明決定發大水淹沒大地，消滅所有人類。其中一位最初參與過創世的水神艾亞（Ea），前來警告，將同儕毀滅人類的決定告知了一個男人。這個男人叫做烏塔那匹茲姆（Outanapishtim，比諾亞難記多了）。悲憐的艾亞神命他去修造一艘船，以保他全家及其他物種性命，此外也給了他許多非常精確的指示。只見滂沱大雨從天而落，修船的工匠便也躲在船上避難。跟〈創世記〉的經文一樣，動物遂展開遠航！

在全球造成回響的大洪水

在別的文化裡，從美洲到印度的古老文獻中也都有提到大洪水這段，而且每次的立基點均相同：都是神懲罰人類、都有艘小船、都有大洪水、還都有一個得救了的家庭，也同樣都有送出鳥兒和最後都做了一番燔祭⑤。

在一篇由阿茲特克人⑥撰寫的文本中提及大家都登上船後，是上帝關上船門的。其實，《聖經》也有提到這點。

另外，在一張考古學家稱為 *le prisme de Weld-Blundell* 的「蘇美王表」中（大約在西元前兩千年）先列出了八位君王，接著列舉突然中止，並很驚訝地寫道：大洪水來了。大洪水沖走一切之際，瘟疫也從天而降，皇族因而臣服，於是便以基什為都。接著才又繼續列舉諸王名單。

一八七五年，喬治．史密斯（George Smith）發現並解讀了《亞特拉哈西斯史詩》（*le Poéme d'Atrakhasis*），該詩約成於西元前一千六百年。詩中敘述了一場由恩利爾（Enlil）神所發起的大洪水，該神早就想減少人口，終於決定發場大水。可是，另外一位神，恩基（Enki），卻警告亞特拉哈西斯，要他帶上家人、幾個朋友和動物搭船逃命。

從一九二七年到一九二九年，考古學家伍利（Woolley）在今伊拉克烏爾城從事遺址研究，並發現了大洪水造成一層超過兩公尺厚的河床軟泥，以及淤泥之下的文明遺址。

總歸一句，共計有超過兩百件針對大洪水的敘述被彙編收錄，這些文獻來自世界各個角落。

所以說，誠如《聖經》或《吉爾迦美什史詩》中所顯示的，大洪水果真是全球浩劫？全世界劇變？普世大海嘯？

某些考古學家和地質學家寧願相信那是些一直都會侵襲世界每一隱蔽角落的潮水暴漲、淹大水或傾盆大雨。這些敘事雖然都有提到大洪水，但時間點卻各有不同，並不見得都指於同一時間侵襲地表的唯一的那次。的確有大洪水侵襲和氾濫成災的跡象，然而卻不一定就得全部都跟諾亞、烏塔那匹茲姆或亞特拉哈西斯連在一起。

既然這些敘事不是提到同一次大洪水，那為什麼我們卻可以找到同樣的特徵呢？諸如：船、家庭和動物呢？莫非集體記憶在通力寫下某個往後成為神話的敘事時，扮演了什麼角色？

若說底格里斯河和幼發拉底河的河水氾濫是組成此敘事之基礎，那麼西藏人、阿茲特克人或澳洲人怎麼也會將這些併入他們自己的故事裡面呢？還有，如果《聖經》真的抄襲自別的史詩，那麼當初的作者是打哪兒找到來源的？

重重謎團依然未能或解。透過考古學，是找到了些答案，可是考古學家和其他地質學家的結論經常都受到先入為主的偏見影響，所以他們會認為無論如何，考古發掘都應當要能呼應他們事先的推論。科學並不見得會比運用科學的科學家們來得客觀。別忘了，在受駁斥與被推翻之前，科學在好長一段時期內，一逕大剌剌地提出地面是平的，或某個種族比另個種族低下的說法。我們都知道，在兩個臨時的真相之間，歷史是有能力打著科學的招牌去把真相給「做」出來的！

那麼，究竟大洪水指的是什麼呢？地質學家發現，距今約九千年前，原本是淡水湖的黑海，突然就成了鹹水湖。有些人認為應當是黑海海平面突然上升（幾乎上升了六十公尺）所造成的。冰河時期結束會導致冰川融化，海面上升，於是在美索不達米亞引發了一場前所未見的大洪水，氾濫的黑海海水匯集在狹窄的頸口。亞拉臘山雄踞於此區域，雖然《聖經》把此地好像寫成諾亞方舟沉沒之地，然而往後的地質學家和考古學家依然眾說紛紜。

另外尚有一大奧祕：動物之約。

上帝用一種相當特殊的方式毀滅人類，卻想饒動物一命。所有動物均得以逃過一死，因為根據《聖經》記載，大洪水遍及全球！方舟裡面得容納所有物種，各一公一母，以保障動物界之延續。諾亞和兒子們好生建造了船隻，好讓動物們自行上船。只聽得上帝敲了集合的響鐘，飛禽走獸爬蟲紛紛從海平面的四面八方接踵而至。你我的想像力也隨之馳騁，且與這些哞哞叫、咩咩叫、嘶嘶叫、嘓嘓叫的浩浩蕩蕩獸群一道神遊去……朝諾亞前進……只見咱們這位老兄，看到了前所未見的動物大隊，正兀自目瞪口呆著呢！

人和動物到底誰比較遲鈍？

動物世界依然令我們非常驚訝，即使現有科學再發達、對動物界的觀察再多麼令人難以置信、觀察昆蟲交配在我們的攝影機下有多無所遁形，人類在面對動物界時，依然十分無知。人類繪出了鮭魚產卵的途徑、野雁遷徙的循環或極地皇帝企鵝的行進，但卻依然未能理解為什麼這些動物從蒙昧時期就開始從地球這端長途跋涉到地球彼端去，也沒辦法找出甚至在牠們出生之前，父母就安排好了的遷徙路線！

求生的天性引導這些動物可以感覺到危險、浩劫、威脅，遠遠領先人類。每逢劇變之前，鳥兒便會停止歌唱；每逢大火之前，貓兒便會離開住所；每逢船沉之前，老鼠便會先行離去！有時動物還會以無法理解的方式去警告主人，把主人帶到別的地方，好讓主人逃過一個完全不可預知的意外！於是我們才會因這些日常良伴的不能言語感到遺憾，而所謂的日常生活，其實也是個昆蟲比人類更為發達的生活罷了。

或許有一天，我們會聽到海豚向我們解釋牠為什麼會去引導船隻以避免觸礁，但就目前來說，動物怎麼會齊聚於諾亞方舟，參與那場「聖潔」集會，依然是個謎。就跟《聖經》裡面也沒有解釋獨角獸為什麼遲到，所以未能登船而慘遭滅種的原因一樣……在在令人費疑猜！

我們轉了一圈再回到《聖經》上有關建造方舟和動物的記載，可以看到一個細節：在我們的記憶與想像中，每種動物都成雙成對而來，可是作者的確有寫出上帝對諾亞說的話：所有潔淨的動物，每種各帶上七對，每對一公一母；不潔淨的，每種帶上一對即可，公母各一；還有飛鳥，也帶上七對，每對一公一母。讓牠們留在世上傳種……（〈創世記〉第7章第2節）。

值得我們重新再好好想一下！

帶上船的潔淨動物比不潔淨動物的數量來得多。不過我們還是可以問，為什麼上帝要除去墮落的人類以淨化地面，可是自己卻要「拯救」不潔淨的動物呢？此處所謂的「不潔淨」，據《聖經》自己的解釋，指的是豬和駱駝、禿鷹和野兔。再加上，根據《聖經》前面幾記的記載順序看來，不潔淨動物的清單明明是在諾亞大洪水之後才列出來的⑦。我們因而有權發問：諾亞是如何在動物中做出潔淨或不潔淨的篩選呢？！關於這點，《聖經》經文中未見隻字片語的解釋！

但在洪水過後，大水退去之後，諾亞走出方舟，來到陸地上，獻祭品給上帝：諾亞為耶和華建了一座祭壇。取來所有潔淨的牲畜和所有潔淨的鳥兒，每種各一隻，獻上祭壇，作為燔祭。耶和華聞到宜人的香氣，心想：我再也不因從小就心生邪念的人類而詛咒大地了；我再也不會如我此番所為那般去湮滅所有生靈了。（〈創世記〉第8章第20節）

這麼一段經文讓我們了解到為什麼諾亞得帶上船更多潔淨動物，因為必須讓受獻祭者（上帝）得以享用。而且，以下為最正面的宣示：上帝決定不再以毀滅大地和發大洪水去懲罰生來就有邪念的人類！

上帝關注於建立祂與諾亞（還有碩果僅存的他們一家人）的新關聯，又說了一遍祂曾對亞當說過的話：多多生兒育女吧，大大遍布四方吧！所有麇集的動物都是你們的食物，如同菜蔬，我全都賜給你們！而那道跨過地面與天空的彩虹，便是造物主與其所造之物間和好的標誌。

從字裡行間看起來，人類似乎到那時之前還都是吃素的，但從此以後，就成了雜食動物；新的出發，新的飲食方式！而殺害動物以養育自己也成為讓人類與生俱來的暴力得以發洩的管道。

一百五十年來的研究

至於大洪水告終一節，《聖經》上是這麼寫的：深淵的泉源和天穹的水閘一一闔上，從天而降的雨水也已停歇。大水逐漸由地面退去。水勢開始回落，一百五十日過去，第七個月的第十七日，方舟擱上亞拉臘山……（〈創世記〉第8章第2節）

關於經文上提到方舟的沉沒點，很自然地便引起永無休止的研究，造成不可計數的爭辯。

對諾亞方舟的研究可上溯到最古老的年代。迦勒底教士貝羅斯（Bérose）（西元前四七五年）就提到高加索地區的居民「刮下找到的諾亞方舟柏油塗層，作為解毒劑和護身符之用」。在基督紀元的前幾世紀，尼古拉．德．達瑪斯（Nicolas de Damas）、傑若姆及德歐菲勒．德．安提奧區（Jérôme et Théophile d'Antioche）接連發現保留在亞拉臘山上的方舟遺骸。西元三三〇年，修士雅各從山上帶回了一些碎片，後將其保存在埃奇米阿津（Etschmiadzin）修道院中，直到一八二九年修道院毀於地震的那天為止。十八世紀，馬可．波羅引述了一些曾凝視過方舟遺跡的旅遊家的話……

一八四〇年七月，火山爆發，亞拉臘山山麓邊裂開了一道口子。

土耳其當局派遣工人大隊到山區去，建造欄壩保護。當中有名婦女在與一道冰川齊高處發現，「一艘巨船的遺骸，船內可供通行處還分有好幾個艙室」。

一八五六年，三位英國科學家登上亞拉臘山，因為他們想證明諾亞方舟只是個神話。但是三名登山家卻看到一艘被冰封了的大船遺骸。他們甚至還進到船裡，一探究竟。他們雖想毀壞這個發現，但木頭遇火卻燒不起來，於是便決定隱瞞此一發現。然而，一九一八年，參與此冒險的最後一名倖存者於臨終之際成為信徒，說出他在一八五六年的經歷，從而在世界各地多少都引起了研究的濃厚興趣。

一八七六年，倫敦的皇家地理學會（Royal Geographical Society）的詹姆士．布萊斯（James Bryce），登上了亞拉臘山，在火山熔岩石塊中看到了「一塊長約一公尺，厚約二十公分的木頭，很明顯地是用工具割製出來的」。回到英國後，他公開了這個發現，但受到鼎鼎大名的東方專家亨利・羅林森（Henry Rawlinson）嘲笑。後者說：「《聖經》裡的亞拉臘山與東方土耳其的大亞拉臘山根本就搭不上。」

七年後，雪崩摧毀了這座名山的山麓。土耳其政府請來了享有盛名的英國冰河專家賈斯高（Gascoyne）。這位探險家發現了「一艘被冰給封住了的古船遺骸」。新聞記者爭相報導，《紐約時報》卻刊出了某位學者的論戰：「諾亞方舟是個神話，就該繼續是個神話。」

一九一六年八月，俄羅斯飛行員拉特米・羅斯可維斯基（Vladimir Roskovitsky 或 Zabaolotskky）奉命偵察土耳其邊界，因而觀察到在大亞拉臘山東部斜坡上有一個冰湖，並在那邊找著一艘碩大船隻的遺骸。他的回報引起上級的好奇；於是便派遣庫爾巴朵夫（Koorbatoff）上尉飛越該區，並證實所言屬實。他將報告呈交沙皇尼古拉二世，尼古拉旋即下令派出一支考古探險隊。兵士也被調派到此研究團隊與科學任務之中，一併前往先前宣布的地點去探險，還照了照片，帶回珍貴的研究成果。但由於一九一七年革命爆發，相關文獻在此風暴中盡數全毀。

一九三六年，紐西蘭考古學家哈維克・奈特（Hardwicke Knight）找尋一座位於亞拉臘山阿何哈（Ahora）狹谷處的修道院遺跡，但卻發現了一些沉船殘骸：「從冰湖裡面撈出來的一些質地非常堅硬的木梁」。稍晚，一九四六年時，美國軍方《星條旗報》（*Stars and Stripes*）刊出一則關於兩名空官在到土耳其途中，飛經亞美尼亞埃里溫（Erevan）上空的報導：他們在亞拉臘山山頂看到了「一艘一半沉在小湖裡的大船，高高在上」。

一九五二年，費爾南德·納瓦（Fernand Navara）首度組織探險隊前往亞拉臘山。他從遠處就看到在直深入海底的峭壁深處有一大塊黑黑的東西。隔年，他又再度登上亞拉臘山，還到了距「黑黑的東西」約一百多公尺的地方。他照了照片，但由於天候惡劣，不得不再度下山。隔年冬天，納瓦在巴黎夏約宮召開研討會。土耳其政府就是在那時宣佈該區為軍事管制區，禁止他再回去。但是，一九五五年，納瓦偷偷進行了一次探險。在年方十二的兒子的陪同之下，他們成功地深入該禁區，而且到達了他認為應當就是諾亞方舟的地方。他用工具削下來了看似木頭的一塊東西，取下了約有一公尺半的一塊，照了一系列的照片之後，把那塊像梁柱的東西鋸成三份。

回歐洲後，納瓦把這塊他帶回去的木頭送去用碳十四分析化驗，但並沒對承接此案的實驗室（分別在波爾多、馬德里和巴黎）說明木頭來源。分析結果很一致，都推算木頭上溯至約在西元前三到五千年之間的時期，這個結果對某些人而言是與大洪水可能的日期相符合的。不過，當輪到賓夕法尼亞大學對木頭提出專業分析時，卻認為那塊木頭應該介於西元第四到第五世紀。不需要再有什麼別的證據，光這點就足以讓納瓦的發現不合格了。

失去的方舟

接下來，美國人曾於一九五八年、一九六二年、一九六三年和一九六六年分別組織過探險隊。每支隊伍都功敗垂成。SEARCH 基金會為了查明納瓦於一九六九年的探險是否真有其事，便舉行了場競賽。與賽的登山家歷經千辛萬苦，終於到達十五年前所設立的參考標記站點，發現了半被燒灼過的木頭殘塊，並且帶了幾個樣品回美國。這次，納瓦得到平反，好幾家報社都刊登了這些五千年前的木頭的照片。看起來諾亞方舟真的找到了……

但爭論依然未休，由於基本教義派團體也資助了某些研究，它們強烈希望能夠提出《聖經》符合歷史的證據，甚至連可信度不高者都強加釋義。其他由諸如「耶和華見證人教會」（les Témoins de Jéhovah）等異端所資助的研究小組，他們的報告則未能進一步地受到採納。

直到今日，都還持續有規模不一、半官方的探險隊前去探索失去的方舟，對那些或多或少受到確認的發現就有好幾百個證詞，有的贊成，有的反駁。方舟依然神祕。

方舟能維持被封在冰川裡的狀態嗎？今日是否已有部分被分開了呢？它有沒有受到地震毀壞或因火山爆發而燒損呢？

無論如何，自從納瓦四下散發了好些他聲稱是正宗的方舟碎片開始，就有考古學家及收藏家強調自己擁有貨真價實的諾亞方舟殘骸塊片。

①這段經文出自〈創世記〉第 6 章第 11-22 節。

②通譯本音譯作「歌斐木」(gopher)，但此處作者所引之法文為 en bois résineux，從譯之，故為「含樹脂的木材」。

③市面各通譯本多以「肘」(Coudée) 為單位，指從肘部到中指端的長度，一肘約比 50 公分略少。

④「方舟」在希伯來原文本作「櫃子」解，如:《舊約．出埃及記》第 25 章第 10 節中的「約櫃」。同一名詞在《聖經》別處也用作「不透水的籃子」解，如:〈出埃及記〉第 2 章第 3 節中嬰孩摩西所在的「柳條籃子」，作者稍後也會提到。

⑤請參閱〈創世記〉第 8 章第 6-18 節。

⑥Les Aztéques，墨西哥的印第安人。

⑦《舊約》前幾記的順序為〈創世記〉、〈出埃及記〉、〈利未記〉、〈民數記〉、〈申命記〉。然而《舊約》提到何謂潔淨與不潔淨的動物卻是在〈創世記〉之後的〈利未記〉。

7 神祕的打鬥

離家多年的雅各回歸家園。因為雅各當初離家時，帶走了「父親對哥哥的祝福」，所以怕雙胞胎哥哥以掃一直懷恨在心。但是，雅各過河時，卻與一個他打不贏的怪人纏鬥了一夜。這個令人摸不清來歷的敵手是誰？經文中似乎暗指是「上帝的使者」。打鬥完後，雅各有了個新名字：以色列！而且還成了個瘸子！（請參閱〈創世記〉第32章）

雅各是亞伯拉罕的孫子、以撒的兒子，是《舊約》其中一個最神祕的族長。身負「背叛者」惡名的雅各，只要介紹到他，往往都會提到他這一生中的兩件大事：雅各的夢（他夢到通天的梯子，看到天使上上下下）以及對抗神祕敵手，也可說跟這個神祕人物摔跤，某些人將其與天使畫上等號。從古至今，無論哪一年代的畫家都喜歡以這兩則故事作為繪畫題材，將其表現在畫布上，每每都成了傑出的名畫呢！

離家二十載後重回家園，在雅各生命中最具決定性的那刻，他必得先涉河而過，那條河就是分隔雅各的過去與未來間的天然與象徵性的疆界。但是，到了渡口邊，他卻撞上了一個人，還與那人徹夜肉搏戰，但並沒真的打贏他。其實，這個階段非常重要，因為打鬥好比啟蒙，那場打鬥並非是路上的不幸意外，而是「重新組成」身分的分水嶺。那位敵手絕不可能是個凡人，或許該以「祂」來表示才更為貼切。

《聖經》裡的雙胞胎

對某些《聖經》讀者來說，跟雅各摔跤的那號人物只可能是上帝使者是與經文中的線索相符的；然而這條線索本身卻比雅各似乎巧遇過天使更有意思。事實上，雅各碰到過天使好幾次，每次在非常有象徵意味的時刻，他都會遇到這些傳福音的神妙人物。

對某些讀者與詮譯義理者來說，那個人只是雅各的複製品：要不就是他自身的寫照，要不就是他的孿生哥哥。因而那場摔跤所及的層面其實是精神多過現實，心理多於生理。

為了能好好分析過渡口這段的重要性（這裡指的涉水當然不是一般的過河而已），我們得先了解以掃和雅各這對孿生兄弟間劍拔弩張的關係，這才是整起事件的問題所在。其實，兩兄弟甚至在呱呱落地前就已經鬥得很厲害了。

且讓我們先回頭去看看他們家：以撒是亞伯拉罕和莎拉的兒子；是這對老夫婦盼了好久才終於盼到的兒子。儘管上帝曾經承諾過亞伯拉罕這位族長：我必令你子孫繁衍，多如沙漠中的沙粒，多如天上的繁星！可是當輪到亞伯拉罕的兒子以撒與美麗的利百加成親的時候，卻碰上了個很棘手的問題：妻子不育。不常描述配偶間愛情故事的《聖經》，卻對以撒求助上帝，以解決妻子不育的這段描寫得很仔細。後來利百加也的確懷了孕，一胎還懷了……兩個孩子。

若說騷人墨客都很喜歡以雙胞胎與其神祕之處做為題材（比方說：卡斯特和波爾克斯①或雷慕斯和羅慕勒斯②），那麼《聖經》中的相關記載並不算多，或許有人會認為，該隱和亞伯就是孿生兄弟，但這個解釋一點都不能令人滿意，也未受到嚴詞捍衛。不過，〈創世記〉第三十八章中倒是提到了塔瑪的雙胞胎。猶大誤認兒媳塔瑪為妓女，受到引誘。兩人在不正常的關係下生出了斐裂和謝拉。值得注意的是，猶大不是別人，正是雅各其中一個兒子！在《新約》中，福音傳教士指出耶穌其中一個門徒多瑪（Thomas）又被稱為狄狄摩（Didyme）的，就是「孿生」之意。因而多瑪很可能有雙胞胎兄弟，可是〈福音書〉的經文卻沒提到他。

除了這兩對孿生兄弟，還有利百加腹中所孕育的那對雙胞胎外，《聖經》裡幾乎找不到其他的例子。

利百加有喜了。豈料腹中胎兒踢打不停，她自忖：為什麼偏偏我懷孕就這麼苦呢？於是便跑去請示耶和華。耶和華對她說：妳腹中孕育了兩個國家，離開妳的胸脯後，會分成兩國人民；一個要比另一個強大，大的會臣服於小的。(〈創世記〉第 25 章第 21 節）

利百加感覺到腹中胎兒不斷踢打，擔憂不已，上帝的回答則高深莫測。的確，光靠句子與句法結構，不足以明白誰會控制誰？可是，話說回來，每個孩子的命運不都是上帝所創的嗎？就算沒揭示未來，身為上帝，祂絕對會知道！

但很清楚的，上帝的答覆很模稜兩可，暗示著兄弟鬩牆之戰才剛開打呢！這些線索雖然只會讓人更摸不清兩個男孩的命運，但若想了解敵對兄弟倆未來所走的路，這些線索卻是很必須的。隨著這兩兄弟的誕生也引起了個令人擔心的問題：《聖經》中的兄弟檔是否都注定得像以掃和雅各那樣「不斷踢打」，甚至像該隱殺害亞伯一般，都會自相殘殺嗎？

尤其是，《聖經》那麼鼓勵大家得像兄弟般相親相愛，令我們不禁自問：那麼，《聖經》都提供了世人些什麼兄友弟恭的例子？

利百加懷孕期滿，生下了兩個兒子。《聖經》描繪起此一雙重喜訊來，既頗有意思又挺詳細的。作者指出第一個男孩落地時已經滿頭濃髮，而且還是紅髮。所以才給他取了以掃這個名字，就是「多毛」的意思。而希伯來文中的鐵鏽色（或紅色）是 admoni，於是「紅哥」就成了以掃的小名，但他也被稱為諧音的「以東」(Edom)。後來，以掃的後裔便以「以東人」(Edomite) 為名。不過，這會兒這個紅髮小子才初到人世。緊接著他出生的，就是他那拉著哥哥腳跟落地的雙胞胎弟弟。而由於這個奇怪的姿態，於是便將這第二個孩子取名為：雅各（Jacob），就是「抓著腳跟」的意思。

知道了故事的全貌之後，尤其是以掃和雅各間所發生的一切，就會有雅各樣樣都想比哥哥強，老想贏過以掃，一心想奪取長子的地位！那雙抓住哥哥腳跟的小嬰兒的手，原來不只是接生婆津津樂道的一則軼事而已；而是一個先兆，甚至是個預言，為即將發生的事情蒙上了陰影。

因為接下來所有雅各的大膽妄為行止，都是受到想僭越老大的蠻橫慾望唆使。當利百加看到「連接」出生的兩個兒子的怪異方式時，可能只有稍微警覺到那是上帝對她的提醒。

為了一盤豆子

兩兄弟間的競爭發展得非常迅速。《聖經》作者小心翼翼地去仔細描述了身為孿生子的這對兄弟卻一點都不像：以掃毛髮濃密，雅各則皮膚光滑；老大喜歡狩獵，似乎很壯碩，甚至野蠻，老么則喜歡安安靜靜地跟媽媽利百加待在帳篷裡面。《聖經》甚至還事先就提出甚為弔詭的對照，尤其是指出雅各是個文靜、乖巧，幾乎天真無邪的人這點，但接下來的進展卻證明正好相反：其實雅各城府很深，逮著空子就鑽。

從父母的偏好也強調了兩個男孩的差異：以撒喜歡以掃（因為他倆都喜歡狩獵與享用獵物），利百加則比較喜歡雅各（經文中沒有交代母親偏心的原因）。

接下來就發生了一樁具決定性，就某方面來說也頗離奇可笑的事件，但也因而造成嚴重後果。兄弟倆爭奪長子權，竟然靠的是一盤……豆子！

有一天，雅各煮了羹，以掃從野外打獵回來，又累又餓。以掃對雅各嚷道：拜託，拜託，先給我喝兩口這紅通通的湯。沒錯，紅通通的湯！我餓得要命……。雅各說：那你得先把長子權賣給我！以掃回答：我餓都快餓死了，還要這長子權做啥？於是雅各便說：你得先給我發個誓。以掃發了誓，就這麼把長子權賣給了雅各。而雅各也給了以掃餅和豆羹。以掃吃飽喝足後，起身便走了。竟如此看輕長子的名分。（〈創世記〉第25章第34節）

雖說雅各長久以來就虎視眈眈，想替代他哥，可是很明顯的，以掃也沒真正看重長子地位，並沒好好把握身為長子的特權，對此毫不珍惜，就連解除一時的飢餓之苦都比保留長子權還重要。雖說雅各抓緊機會下手，可是得來似乎也太不費工夫了。作者似乎已經暗示讀者了：以掃——這個狩獵者、獵物的業餘愛好者——為了一盤再普通不過的豆羹就放棄了自己的長子特權（以及相關權利）！以掃的作為似乎很符合他在大家心目中的粗俗形象。

而才剛扯完他哥哥第二次後腿的雅各，馬上就要發動第三次攻勢了！

原本是老二的雅各，透過樁奇怪的買賣，成了老大。可是像這樣的以物易物有何公平可言？或能在精神上有些什麼啟發呢？很難置喙。所以經文才在接下來的鋪陳中，進一步揭發雅各的真面目……利百加竟然還是共謀！

以撒年歲日長，老眼昏花，垂垂老矣。他希望能在過世前，將父親的祝福傳給兒子，而且當然是要傳給他偏愛的以掃。於是就召喚身為長子的以掃到病床前來，對以掃說等他一帶著供全家分享的獵物回來，便要將父親的祝福賜給他。不料，老以撒的計畫卻被利百加聽到了，她當下便暗忖父親的祝福絕對不能傳給以掃，得傳給雅各。於是便要自己偏愛的兒子去代替以掃，還幫雅各換上獵裝，胳臂搭上塊山羊羔皮（因為雅各皮膚光滑，以掃卻毛髮濃密），並準備了一道丈夫最愛吃的香濃燉肉塊。

就算目不視物的以撒好像有所懷疑，最後還是給矇騙過關了。沒錯，以撒的確有懷疑，只見他憐愛地撫摸著在場兒子的胳膊，並說：是以掃的皮膚沒錯，但卻是雅各的聲音。以撒甚至吻了兒子，嗅了嗅他的氣味，終於說了：是以掃老是打獵的野外味道沒錯。(〈創世記〉第27章第27節)

不用說利百加早就料到丈夫會懷疑，所以事先就拿了件以掃的衣裳給雅各披上。雅各之所以能騙過以撒，那也是因為他準備得萬無一失。

被騙得團團轉的以撒，就這麼祝福了雅各，自己還以為是祝福了以掃。

以掃打獵回來以後，發現自己著了道，被坑了。所以「出外打獵，就掉了位子！」的說法就是從這個典故來的。以掃憤怒得無以名狀，威脅要宰了雅各。雅各被迫棄家逃命，逃到舅舅家中(利百加的兄弟)。

這對孿生兩兄弟再見面之時，已是二十年後。

母親的心

很顯然地，利百加在這樁強取豪奪事件中扮演了個要角。可是這單單只是因為她偏心雅各嗎？這麼解釋還是很缺乏說服力。利百加聽了上帝驚人的諭示：妳腹中孕育了兩個國家，離開妳的胸脯後，會分成兩國人民；一個要比另一個強大，大的會臣服於小的……如此這般的預言只會令她每日反思，只會讓她更具分析精神。利百加八成好生觀察著兩個孩子的行為，這樣才能幫他倆未來的命運理出點頭緒。

以掃對長子一角、當長子所需要的資格、考量事情輕重緩急與做出正確判斷均無法勝任，這在利百加的分析中必定佔了吃重的地位。不過《聖經》上有兩個地方很有意思。其一是描述雅各強佔父親祝福的那段；其二則是一些讓我們更能了解利百加態度的小地方，那就是以掃的婚姻大事。

以掃四十歲時，娶了兩個赫提女子為妻：比利之女尤迪絲，還有以倫之女芭色瑪。這兩個媳婦給以撒和利百加惹了許多麻煩和痛苦。（〈創世記〉第26章第34-35節）

不用說，《聖經》經文絕不是把這則訊息當成婚禮公告。經文中指出以掃娶了外籍新娘（赫提人），造成父母痛苦，因為他們絕對比較希望迎娶進門的是本國、甚至同族的兒媳婦。

而且，當利百加要雅各去舅舅拉班家避風頭（因為他哥以掃正在氣頭上），利百加也向丈夫以撒承認：都怪以掃的媳婦，害我這輩子都沒個清靜日子好過。萬一雅各也娶了赫提的媳婦，那我活著還有什麼意思？（〈創世記〉第27章第46節）

於是，利百加便利用剝奪父親的祝福，讓雅各取而代之這點，去懲罰以掃的婚姻選擇，而且還把雅各送回娘家，就是希望在那兒可以娶房比獵人哥哥更得體的媳婦。也就是說，利百加使計助雅各奪走父親祝福一事，並不見得真像經文上隱約表現出的那般臨時起意，而是別有用心。

更何況，雅各尚未動身前往舅舅家前，以撒就提醒過他，這個瞎老兒還建議他別亂娶媳婦，尤其外國人！

此外，以掃好像也明白父母很痛苦，因而在祝福被強佔之後，又攀上了門新親事，娶了第三房。這次，以掃要迎娶進門的是以實瑪利的閨女。這位以實瑪利正是以撒同父異母的哥哥，是亞伯拉罕和埃及妻子夏甲的兒子。以掃設法跟家庭、族人和解，避免又娶外國女人，所以這次乾脆直接從家族裡面選妻。

雅各待在舅舅拉班家，一待就待了二十年。他在那兒娶了拉班的兩個女兒：利婭與拉結，兩位妻子也各生了孩子。除此之外，還得算上跟著兩位妻子陪嫁過來的兩個丫鬟，這幾個女人共生了十二個男孩與一個女孩。在二十年這麼長的一段時間中，雅各自然發生了許多值得大書特書的故事，但限於篇幅，故而暫且不表③。

雅各成了個有錢的大爺，同時也是一個大家庭的一家之主。雅各接受到上帝的諭示：回你家去，回到你的出生地去，我會與你同在。

雅各與兩位妻子商量，她們表示同意搬家，跟隨丈夫離開自己生根茁壯的家園。於是，雅各便領著（為數眾多的）牧群、僕人們、丫鬟們、還有老婆孩子們，大隊人馬浩浩蕩蕩地上路了。其實，雅各骨子裡卻十分擔心。這可是趟貨真價實的出遠門哪，不禁憶起二十年前以掃威脅要殺他洩憤的那一刻，真不知哥哥以掃會怎麼接待他……他深知哥哥很冷血，生性野蠻；這一切，在在都顯示出絕對沒人會張開雙臂歡迎他。

他派僕人當使者到哥哥那兒去，宣佈他就要回家的消息；豈料僕人回報說以掃剛剛接見他們的時候，身邊還站了四百家丁，個個全副武裝！雅各大驚，害怕得要命，憂心忡忡。然而想走回頭路卻沒那麼容易，何況上帝曾經承諾過他（我會與你同在！），他下定……或幾乎下定決心，硬著頭皮，繼續往前行！

雅各與雅博河（YABBOQ）

其實，雅各將大隊人馬分為幾大陣營，並且讓所有牧群、僕人、女僕、甚至妻子兒女都走在他的前頭。他要大家走在前面，他殿後，邊沉思、邊反省、邊自問該怎麼辦。

只見幾大群牧群和幾百人聲勢浩大地擋在他和哥哥之間。莫非是人肉盾牌？要不就讓以掃降火氣的禮物？還是諸侯表示臣服於主人所奉上的供品？再不然就是炫耀財富以吸引所有人目光，證明他衣錦榮歸，炫耀自己力量無窮！

唯一可以確定的是，雅各感到形單影隻，不敢與哥哥面對面，但卻與另外一個人面對了面。

夜，來了。雅各在雅博河邊。這條河名的子音與雅各這個名字的子音並不是個很單純的地理巧合，因為還牽扯到了別的子音。經文上是這麼寫的：雅各會在雅博渡口與人打鬥，直到臀部脫臼為止。

希伯來文中，詞語都僅由子音所組成，這一段中就有不少「詞語—子音」的例子值得一提。

Jacob（雅各）: y'qb

Le Yabboq（雅博河）: ybq

La lutte（打鬥）: 'bq

La dislocation（脫臼）: yq'

我們知道「腳跟」在雅各的這一生中佔了很重要的份量，而「腳跟」的希伯來文就寫作 ***aqeb***，「欺騙」則寫作 ***'qb***。

在過雅博河渡口途中，雅各遇到了一個不知從哪蹦出來的人物，還跟此人打了起來。這場驚心動魄的肉搏戰，最後終於由雅各獲勝！其實這場打鬥是雅各到那時為止所經歷過的一切鬥爭的濃縮：雅各在母親腹中就踢打不停；出生時拉著哥哥的腳跟；強奪長子權；竊取父親祝福；經過抗爭才得以娶到自己心愛的女人為妻；與舅舅拉班所起過的衝突。雅各總是跟困難和衝突面對面，每一鬥爭均令雅各質疑起自己所扮演的角色、身分與人生各階段中的地位。

渡口這段經歷，便是最終決定他的命運與身分的一場邂逅。

我們來看一下《聖經》的經文是怎麼記載的：剩下雅各獨自一人，卻來了一個人跟他一直打到破曉時分。那人見贏不了，就往雅各大腿內側拍了一記。雅各跟他打得正難分難捨，大腿就脫臼了。那人對雅各說：天快亮了，放我走吧！雅各回道：你不祝福我，休想我放你走。那人問他：你叫什麼名字？雅各答了。那人又說：往後你不叫雅各了，改叫以色列；因為你跟上帝還有跟人打鬥，你都贏了。雅各問他：拜託告訴我，該怎麼稱呼你呢？那人回答：為什麼要問我的名字？言畢，就當場祝福了雅各。雅各便將該地命名為「上帝照面」(Peniel)。因為，他說：我跟上帝面對面過，居然還留了性命……雅各因為大腿脫了臼，走路一瘸一瘸的……

（〈創世記〉第32章第35節到第33章）

這個跟雅各纏鬥到天亮的怪人究竟是誰呢？還有，為什麼這個敵手天一破曉就得走呢？好像他怕看到初升的黎明似的。為什麼就算雅各再三追問，他還是堅持不說出自己姓啥叫誰呢？還有就是，當雅各終於幫這件事理出了點頭緒，認為自己跟上帝面對面過，他有沒有想錯呢？

倘若那個敵手真是上帝，我們很難相信上帝還會需要問雅各叫什麼名字。難道全知全能的上帝在這裡竟然會出槌？！況且，這場打鬥似乎就是安排了兩個素昧平生的人上場！「你叫什麼名字？」、「你又叫什麼名字？」這就是兩個人物間令人驚異的問話，他們還好像無緣無故就打了一宵。

但是那個不知道雅各叫什麼名字的人，竟然可以給雅各一個新名字，那就是代表他有得到上帝授權。沒錯，因為每次《聖經》指出某人身分有所變動，都是上帝去改名的。唯有上帝才能扮演這個賜名的角色。

因而，若就雅各的敵人竟然不知道族長的姓名身分這點看來，他是不怎麼配稱為上帝的——何況，他的力量還似乎會

「見光死」——可是，反過來說，重新幫雅各取名，而且叫他以色列，就這點而言，他又有當上帝的資格了！真奇怪！

在沒聽到敵人說出自己的姓名之下，雅各稱打鬥的地方為 Peniel，就是「上帝照面」的意思。而且雅各又接著解釋說他跟上帝照過面了。

所以，那個人是上帝囉？

在《聖經》別的篇章中，比方說在先知歐瑟亞的筆下，他就寫道：「雅各跟一個天使纏鬥整夜。」

所以說應該是個天使才比較正確囉？

某些精神分析書籍，針對這段插曲大膽提出了別的假設。雅各一輩子都在跟他哥進行些必要的協商，終其一生都在抗爭，其實那不只是他的孿生兄弟，根本就是另一個他，甚至可說同時與他既一模一樣又有所差異的克隆複製品。「面對面」（這段經文中不停用到這個詞）正是個人賴以治療自己的方式，透過終於找到自己的身分而自我治癒。以掃和雅各間永久都在作戰：雅各佔據以掃的地位或以掃想殺害雅各洩恨，是同一碼子事。其中一個總是會妨礙到另一個，兩者無法共存，所以得消滅其中一個，剩下的那個才能獨自存在。抓人腳跟的弟弟最後自己成了瘸子，但卻回到最初的出發點：跟他哥、他的雙胞胎兄弟、他的鏡子——面對面。

雅各在回返故里途中，在雅博河渡口的打鬥，跟摩西過紅海非常像，紅海過到一半，海就開了，摩西的族人終能逃離埃及的暴政，並朝應許之地——摩西的出發點——前進！

雅各是在跟自己打鬥，對抗自己的靈魂，雅各抗拒逼他變成雙胞胎的他自己的影像。打鬥害他走路時會脫臼就是種外在投射，投射他自己這一路走來，一直在抗爭的一切，只不過在打鬥之前，他都只有恐懼與痛苦罷了，透過打鬥，雅各才認清了自己。

黎明初升，新的一天來臨；與他哥哥面對面反而是個解脫。因為兩兄弟彼此和解了。顯而易見地，兩個人最後都接受了對方，接受了孿生的事實，面對面從而變得可能了。

但是這一路走來付出了高昂代價，而且留下了嚴重創傷。由於敵手打不贏雅各（若是自己與自己打鬥，力量當然會是相等的），於是就讓雅各臀部脫臼。在大腿內側敲了一記，有些譯本寫作「在大腿窩」，受傷的地方就更明顯了。很顯然，雅各再也無法像從前那般健步如飛了。其象徵意義是很強烈的：從此以後，雅各跛腳，一走路就痛，再也沒法隨心所欲了。

此外，雅各受傷的部位有可能比單純的臀部脫臼來得更為私密。要是那場打鬥果真啟蒙了雅各，讓他認清自己的身分，那麼便有可能暗指雅各大腿內側的傷其實有損及性能力。走筆至此，讀起這段經文就帶點佛洛伊德色彩了！

與上帝同在？還是跟上帝作對？

許多譯本提到雅各跟上帝摔跤這段時會不太自然。的確，這個徹夜肉搏戰到底是與上帝同在還是跟上帝作對？

到底是與人類同在還是跟人類作對？各個不同版本所使用的動詞也都各有不同。結果雖然一樣，意圖則不盡然相同。雅各與上帝同在／作對！這不是樁小事。其實就跟雅各是在跟自己打鬥，對抗他的幽靈，抗拒他的反骨天性，要是這些抗爭與跟上帝同在／作對之戰的結果相同，都沒有真正的優勝者，那麼意義就變得更不得了了。

重點是：雅各跟上帝面對面，居然還留了性命！那麼，接下來跟他哥的面對面，更是絕對會安然通過。一旦雅各解決了自己的心理、個人和存在的問題，就感受到威脅已離他遠去了。

然而，很顯然地，打從雅各呱呱墜地起，就直覺感到自己的地位會排在哥哥前面，而非後面。雅各邊想辦法去代替以掃，邊遙遙領先於所有專家學者，率先宣佈了往後科學才會大肆宣揚的理論：雙胞胎中，較晚出娘胎的那個才是老大！

①Castor et Pollux，希臘羅馬神話中，天神宙斯化身為天鵝和斯巴達王后麗妲纏綿後所生下的孿生兄弟。後成為天上星宿雙子星座。

②Remus et Romulus，希薇亞公主與戰神馬爾斯所生下的雙胞胎兄弟。後因爭奪王位，兄弟鬩牆，雷慕斯為羅慕勒斯殺害。

③關於雅各在拉班那裡的二十年間所發生的故事，可參閱〈創世記〉第 29-31 章。

8 埃及十傷（上）

摩西親自到法老跟前，要求帶領成了奴隸的希伯來人離開埃及。法老拒絕放行這些廉價勞工。於是，為了讓法老慎重考慮一下，摩西對埃及這個國家及其居民身上降下「災難」。但是，希伯來人和他們居住的地方卻免於其難。埃及前後共遭受了十次災禍，不但國力因而大弱，就連人民對國家的信心也大減。（請參閱〈出埃及記〉第 7 到第 12 章）

多虧了一部經典電影，還有一部很有名的動畫，以及距今較近的一齣音樂劇的成功①，摩西的故事方得以廣為流傳，不過還是得說清楚，流傳歸流傳，卻也不無被扭曲。摩西的故事是《舊約》其中一則最重要的故事，而且〈出埃及記〉一直都還是最重要的敘事，其創建者地位在希伯來人民的心目中是無可取代的。我們會花較長篇幅來回顧希伯來人民出埃及前的部分，這樣才能了解摩西與法老間的「鬥法」有多艱困，尤其是摩西在上帝的授意下，造成埃及嚴重損傷的這一連串的十大災難。為了能更確實地抓住這麼重要的故事的精髓，得先對當時背景有個最基本的認識。

當時就已經反猶太了

希伯來人是於雅各（雅博渡口打鬥後，便改名為以色列）的兒子約瑟時代到埃及去的。當時，雅各一家由於造成全區嚴重影響的毀滅性大飢荒，所以才決定外移。而唯一尚有存糧的國家就是埃及，也就是他們外移的目的地。以色列和兒子們在埃及興旺繁茂了起來，好幾世代都做著正當又賺錢的生意。於是，以色列這支部落逐漸坐大，變得越來越重要，致使當地政權開始感到憂心。的確，以色列子民很可能成了埃及國內的大威脅。因而，當地政權開始打擊這些外國人，並把他們貶為奴隸。

《舊約》第二記〈出埃及記〉，對於這則故事及其背景是這麼描述的：埃及崛起一位新王，統治全國。對約瑟一無所知的他，對人民說道：「你們看哪，以色列子裔人丁興盛，比我們更多、更強大。得想辦法加以限制，不得任其繁衍。否則一旦戰事爆發，若其通敵謀反，裡應外合，有伺機出逃之虞。」旋即下令監工分派粗重苦勞給以色列子民，以苦役壓迫他們，命其為法老修建比東和蘭塞兩座倉城。可是，以色列子民越受到打壓，反而越生越多，更加蔓延，人口多到連埃及人都心生畏懼。於是埃及人變本加厲，益發將其當成奴隸虐待；利用繁重粗活，不給他們好日子過。強逼以色列子民和泥、製磚，擔下田裡的莊稼活兒。簡而言之，埃及人壓迫起以色列子民來毫不留情……埃及王還命令產婆：「幫希伯來婦女接生時，要看著她們臨盆：若是男嬰，就弄死他，唯有女嬰，方可放過。」（〈出埃及記〉第 1 章第 8-22 節）

就是在這種背景下，有個猶太人的家庭才把剛出世的兒子給藏了起來，還將嬰孩放到籃子裡，託付給尼羅河。這個嬰孩長大成人後，當然就是《聖經》裡的大英雄摩西了。放流到尼羅河上的摩西，被法老的女兒撈上岸而得救了。公主對摩西視如己出，撫養他長大成人，將埃及知識的所有精華與宮廷內的特權都教導給摩西。那位「埃及」王子一點都不像希伯來人，直到有一天，他發現了自己同胞悲慘的生活環境為止。摩西親眼看到埃及兵士虐待希伯來奴隸，一時氣憤，打死了兵士，犯下滔天大罪，即使貴為王子，恐也難逃死罪，所以必須逃出埃及。於是摩西便藏身於曠野之中，並在一個名叫流珥的家中待了下來，一待就待了四十載。期間摩西不僅受到流珥的殷勤款待，尤其更受到他女兒西坡拉青睞。

於是摩西便在米甸一地展開新生活，還成了父親，將兒子取名為客順，取其「他鄉異客」之意，因為咱們這位大英雄摩西的命運便是如此，直到發生了一件不得了的大事為止。

大英雄誕生了

一天，摩西正在看管丈人的羊群，看到一小叢荊棘著了火，烈焰熊熊，卻不損荊棘的一枝一葉。他靠近一點，端詳個仔細，對此現象甚感好奇不解。突然上帝在荊棘叢中對他發話，命令他回埃及去完成一項令人生畏的使命：埃及人對我子民殘暴的奴役，我都看到了。來，去吧，我現在派你去見法老；由你率領，帶我的子民走出埃及！（〈出埃及記〉第3章第10節）

我們沒辦法說摩西對承接到此一使命感到雀躍無比。他想找藉口推拖，甚至連自己口才很差都招認了，稱說自己發音有困難，說話有障礙，所以八成沒什麼說服力。但上帝非要他去不可，不但顯了神蹟給摩西看，還派了個得力助手與他同行，那個助手不是別人，正是摩西的兄弟亞倫。爭論到了最後，由不得摩西不從，於是他只好回埃及去見新法老，因為，打從他離開埃及後，政權又易手過。

於是摩西和亞倫便前去叩見法老，說明來意，法老不以為然，還出言詆毀他們兩人口中的上帝，拒絕應允摩西的請求，不願意放希伯人三日假。其實那只不過是摩西的策略，這樣才能在不引起埃及人懷疑之下，帶領希伯來人離開埃及，所以他才請求法老放他們幾日假，好到曠野裡去準備祭神的儀典，以免觸怒他們自己的上帝。法老非但沒答應摩西的請求，反而益發荼毒這些奴隸，令摩西完全絕望。於是他便奉上帝之名前去看望以色列子民，對他們解釋很快就會獲得自由，但他們卻不接受這個男人要帶領他們離開埃及的片面之詞，因為他只會增加他們的痛苦而已。

上帝要摩西再去見法老，向他顯現上帝的大能，如此一來，法老就會怕了，就會放祂的子民出走埃及。摩西到了法老跟前，顯現「第一回合的神蹟」：只待他一拋下自己的手杖，手杖立刻就變成了條大蛇。可那法老也不甘示弱，召了自己的法師前來，也把手杖變成了蛇。這下子——雙方鬥了個平分秋色囉！

以上只是很簡單地列舉事實，即使例子很有趣，甚至有點異想天開，但對今日的讀者而言，卻不見得真那麼有意義。因此必須細讀字裡行間，詳究詞句、雙關語，方能找出暗藏的意涵——因為《聖經》就喜歡這樣。

其實，摩西與法老麾下法師間的鬥法並不算平手。沒錯，因為摩西的蛇吞了法師的蛇。其實這也是在展現摩西神能無邊，可駕馭那些幻術，因為那些法師專搞些神祕主義，甚至是在本書第三章中已經看到過的「像蛇一樣拐彎抹角、裝神弄鬼」。

我們在第三章提到伊甸園裡那條「會說話的蛇」的時候，曾解釋過那涉及了 *nahash*（希伯來文的「蛇」）。此時摩西的棍子變成 *nahash*，就是取誘惑夏娃的蛇的影像，這是第一點。但從埃及法師們的棍子所變出的蛇則是一些 *tanin*。某些版本翻譯成爬行動物，甚至還譯成鱷魚，而不是蛇。在《舊約．以西結書》中，先知曾經寫到過，茲摘錄一小段如下：

被擄之後的第十年十月十二日，耶和華諭示我道：「人子啊，你要向埃及王法老預言，我要攻擊他與埃及全境。轉告他主耶和華如是說：埃及王法老，我要對付你這隻彷彿臥在尼羅河雙臂中的大鱷魚（*tanin*）。你曾說這條河屬於你，是你的傑作。那好，我且鉤住你的腮，又使河中的魚都黏附於你的鱗甲之上。我必將你與所有附在你鱗甲上的魚，從河裡拉上來，拋在曠野。你必倒在地面，既無人收殮，亦無人掩埋。我必將你交付給大自然，送予飛鳥與走獸吞食。如此一來，所有埃及居民就會承認我是耶和華。」（〈以西結書〉第 29 章）

第一點值得注意的：就歷史而言，情況並不相同，但威脅則是相同的。第二點值得觀察的：法老被比喻為鱷魚，而這種爬蟲類——尼羅河主宰——非常有可能也是法老力量的象徵。當摩西的蛇吞下了法師的「鱷魚」後，象徵著埃及的力量開始受到威脅。

以西結預言的攻擊中提到尼羅河有毒，把魚都給毒死了。很明顯地，這位先知是在喚起記憶：摩西和法老對決所造成的死傷，尤其特指重創尼羅河的第一災。

十災②

經過把棍子變成「蛇—爬蟲類」的情節後，法老拒絕再接見摩西，於是十災便即將展開。十災的第一大目的就是逼迫法老放行以色列子民。在此就將十災列舉出來，然後按照各災難的時間順序，逐一點出這些象徵與奇蹟暗藏的意義。事實上，在解開這些現象所造成的謎團之前，這種種巨變重災想必在當時沸沸揚揚地傳播了好幾個月，甚至持續了一整年之久。

十災時而以自然災害（*makkot*）形式出現；有時則像神蹟（*ôtôt*）；有時又像奇蹟、超自然現象（*mophtîm*）。凡此種種旨在說明這些創傷與災難的特點有多複雜！此外，雖然法文中一般都以「創傷」（plaie）一詞去形容這些「災難」（fléaux），以「十傷」代替「十災」，但《聖經》卻只有在第十次證明神蹟發生時才用過一次「創傷」這個詞。第十次時，摩西求見法老，要他釋放人民，每遭到一次拒絕，上帝都會完全如同摩西的預言那般，重創一次這個國家和人民。十大創傷，十大災難。猶太傳統分類是將其分為每三次為一系列，共三系列，然後再加上最後那次不幸，也是其中最可怕的那次。

第一傷就是尼羅河及其所有支流都變成血水，接著便是第二傷青蛙入侵，與隨後而來的第三傷蚊子襲擊。以上為第一個系列。然後就開始第四傷有毒的狗蠅，第五傷畜疫和人類身上長膿瘡的第六傷。以上為第二系列。最後第三波則是由冰雹、蝗蟲和三日三夜的完全黑暗接踵而至所組成的第七、八、九傷。歷經九傷後，法老依然冥頑不靈，拒絕正面回應摩西。於是便引發了最後一個將完全擊潰埃及主宰的大災難，第十傷——全國的頭生子均難逃一死。

〈出埃及記〉中好幾章都花在敘述這段法老與摩西間、在埃及奉若神明的君王與以色列上帝間又長又可怕的激烈衝突。《聖經》的每一行都很重要，這幾段又尤其是精華。就第一系列的災難來說，我們注意到，摩西於早上求見法老，後者正在尼羅河畔沐浴。那時是在公共場所，也就是說摩西的請求有很多人證。第一系列中的三災（血水、青蛙和蚊子）結束之後，有些人相信摩西真是上帝派來的使者，代表那位高於埃及諸神的神明。但是，最開頭做如是想的都是些智士與皇家法師，因為他們曾試過以「法術」去與摩西匹敵，後來都甘拜下風。

第二系列降給埃及其人民的創傷，可以發現就連身為觀察家的法師也無能為力，甚至還成了受害者，因為就連他們也渾身都長了膿包與爛瘡。《聖經》也記載道：經過這系列

（指這三次）的災禍後，摩西私下求見法老，與法老面對面協商，沒有任何人看到，免得法老在臣民面前顏面盡失。沒想到法老還是那麼冥頑不靈，拒絕放以色列子民離去。另外還有一點把整個場面搞得益發高深莫測的細節：《聖經》經文指出，就算不幸降臨到埃及和埃及人頭上，希伯來人與他們居留的區域卻依然可逃過劫難。

第三系列（冰雹、蝗蟲與黑暗）：這次，摩西不再警告法老了，反正他是那麼食古不化，再怎麼威脅他也沒用。另一方面，卻有越來越多的埃及人開始聽信摩西，甚至因而找到避免全國受害的方法③。很快地，他們就會對法老提出反對意見，並請求他正面回應希伯來人的期待：隨侍法老身邊的眾臣上書奏曰：「這人到底要坑害我們到什麼時候？吾王就准許這些以色列子民去拜他們自己的上帝耶和華吧！再不放行，只怕埃及不保。」

眼見意見紛歧已是在所難免了。

猶太傳統之所以將埃及十傷分為三大系列，絕對也是著眼於一項頗上不了檯面的事實，那就是——法老的態度。

《聖經》邊敘述十傷的進程，邊指出直到第五傷，法老都還很固執：法老依然執迷不悟；根本不聽他們的……法老回到宮中，覺得事不關己……

法老曾多次要求摩西和亞倫停止降災的不幸，他已經得到教訓，心想讓那些人走了算了，於是摩西便信了他，可是一旦熬過災難，法老就又立刻反悔：法老看到情況已經好轉，就又變了卦，不肯放人！

可是，從第六傷開始，好像有什麼改變了。法老抗壓性越強，上帝就「越讓法老吃了秤砣鐵了心」：耶和華有點讓法老食古不化。

害得《聖經》釋注專家都快抓狂了，因為如此一來，可以自由詮釋的空間就越大了。因為只要是法老自己決定不服從摩西（和摩西的上帝），那麼就只是他個人的選擇，不管後果是好是壞，都由他一人承擔。可是一旦法老有點身不由己，是上帝祂自己讓法老吃了秤砣鐵了心的，因為上帝親自介入，所以無法再要法老一人去扛責任。殊不知從那一刻起，上帝才該對法老的固執態度負責，如此一來，就不能因法老的鐵石心腸所造成的可怕的第十傷而去責怪他。

這是個大問題，若是沉默不語就跳過去，那是不公道的。我們從人物的心理層面上所找到的解釋，可以避免陷上帝於不義，尤其可以讓大家了解恨意的轉折與這條不歸路的狀況。

經文對法老和希伯來人間的仇恨交代得很清楚。在埃及王眼中，他無法忍受以色列子民的繁盛，何況這些外來移民還保留著自己的禮儀、風俗和宗教。萬一發生衝突，凡此種種都會失去控制；而且他們並未真正被同化，對統合全國來說也是一大失敗。由於上帝似乎保佑他們，助其興旺，於是一股豔羨與嫉妒之情便在敵方的埃及陣營升起。但是，嫉妒與仇恨反而激起了造成這種仇恨的始作俑者的義憤。於是上帝便間接更加保護希伯來陣營，加倍懲罰法老，令其人民渾身長滿癤瘢膿瘡。法老不理解為什麼就只有他的人民受到感染（還有那些自然劇變好像也只衝著埃及人而來），以色列子民卻可逃過劫數。

法老是埃及主宰，怎能降貴紆尊，向他視為奴隸的外來移民屈服。他拒絕因為聽命於摩西而變成自己奴隸的奴隸，這點其實可以理解。但是，他越拒絕做出正確的選擇，他的心就越如鐵石般堅硬。他拒絕的原因與我們剛剛提到的仇恨有關，因為那種仇恨剝奪了法老的自由，他原本自以為是自由選擇、自以為得對自己的選擇負責，後來卻發現身不由己。於是，仇恨反過來對付法老，他會因此而自取滅亡！

摩西越解釋，法老好像越聽不進去。我們在此看到的是個奇怪的現象，簡直就像自殺，根本就是自尋死路。而我們則好像在對這段經文做精神分析似的，其實這才是剛開始而已。因為這部分《聖經》的所有章節，均以一種非常仔細與深入的敘述方式，直探人心最私密處以表現人性的衝突與掙扎。本書的下一章中，我們還會進一步解析。既然前頭說過不時得仰仗《聖經》去解釋《聖經》，目前，我們就先在這本大書裡稍微神遊一番，這會有助益。許多年後，先知以賽亞接受到了令人震驚的諭示。上帝對他說：去對這些人民說：你們會聽，但卻不會聽見。你們會看，但卻不會看見。讓他們感官不靈敏，讓他們耳背又眼盲；讓他們有眼睛卻看不見，有耳朵卻聽不見，有智力卻不明事理。他們得回到我

這兒來，方能得到治癒（他們得改宗皈依）。（〈以賽亞書〉第6章第9節）

耶穌基督在〈馬太福音〉中又再度引述這段驚人的經文：所以我才用比喻對他們講：因為他們有看沒有到，有聽沒有到，也沒有理解。如此一來，在他們身上正應驗了先知以賽亞所說的預言：你們會看，但卻不會看見。因為這些人民變得感官不靈敏；關上了耳朵，闔上了眼睛；有眼睛卻看不見，有耳朵卻聽不見，有智力卻不明事理。「他們得回到我這兒來，方能得到治癒。」上帝如此說道。（〈馬太福音〉第13章第13節）

這兩段引文彼此的關係是很容易就看出來的，而且也可將此懲罰聯想到〈出埃及記〉中法老的情況。

使徒保羅在提到鐵石心腸的摧毀力量時便闡明了這點：你竟任著你剛硬不悔改的心，任憤怒積怨，有待上帝震怒那天，便會進行祂的公義審判……④

換句話說，對那些頑劣抗拒其諭令與明燈指引的人，上帝是會毫不留情地加以懲戒的。法老的鐵石心腸絕對是自己造成的，而非上帝。另外，在〈出埃及記〉的背景下，作者又將「吃了秤砣鐵了心」解釋成錯判形勢、造成謬誤，同時也低估了上帝的堅決，從而做出錯誤判斷。上帝懲罰罪孽（因為祂就是那麼做的），犯錯的人卻不改過，不改正自己，死不認錯。上帝並非造成鐵石心腸的始作俑者，而是懲罰不受教者的法官。

不受教，拒絕服從摩西（也就是說上帝），法老自己把自己推往毀滅。他的死期已到。但在法老垮台之前，其他的人會先死。

第十傷自成一格，與前面九傷分開，不僅因為它不屬於任何系列、無法相提並論，也因為在第九傷與第十傷之間，有好幾頁《聖經》都在描述希伯來人民為即將離去所做的準備——就是《聖經》學家口中的逾越節典儀制度；所謂「逾越」就表示過渡時期。此時的希伯來人民將從奴隸過渡到自由，面臨著從埃及過渡到應許之地的新命運，而新命運也是個試煉：他們遇上曠野，會在那裡過上四十年漂泊無依的游牧生活。但到他們準備出走埃及的那時為止，當然還不知道即將橫越曠野。

逾越節進食時都必須符合規範，其中尤其帶有許多強烈的符碼與象徵。得獻上羊羔為祭品，並把羊羔的血塗在門框和門楣上，血污很快就會散發出氣味。希伯來人得吃苦菜，提醒自己莫忘了當奴隸時還有被奴役的苦痛。除此之外，還要吃未經發酵的麵餅，因為發酵就得取先前做的麵餅作為酵母；沒有酵母的意思就是說沒有先前發霉的麵餅，沒有過去。況且，出走埃及一觸即發，也沒時間等麵餅發起來！從上面這個小地方，也可以看出希伯來人離去時有多匆忙，正因為這個緣故，大家都手持朝聖杖，站著進食。

於是以色列子裔吃了在埃及土地上的最後一餐後，第十災便席捲該國：所有的頭胎在一夜間盡皆死去，「滅絕天使」

橫掃埃及，挨家挨戶，一一完成殺死頭胎的使命。然而，門上有羊羔血跡的人家，天使只會經過，放他們一條生路。

跟任何一個埃及家庭一樣，在這赫赫有名又異常驚駭的一夜中，法老親眼目睹長子身亡，也就是王位繼承人。法老再也忍受不了，終於下了道御旨，准許摩西帶著他那群可怕的子民離去。

其實這個終於讓法老低頭的大創傷的毀壞力量，與另一場法老權勢所造成的腥風血雨相當類似，那就是法老曾下召把希伯來人陣營中所有初生男嬰都淹死在尼羅河中。

關於以色列子民出走埃及的背景暫時告一段落。我們現在只剩下去檢驗，這些在埃及所發生的種種劇變，創傷也好，災難也罷，是否真有其事，於史有據？或僅僅是出於神學、精神分析、象徵等意圖而虛構出來的！

請見下章分曉！

①分別指 1956 年的電影《十誡》、1998 年的動畫《埃及王子》和 2000 年率先於法國推出的音樂劇《十誡》。

②關於「埃及十災」，可參考〈出埃及記〉第 7 章 14 節到第 11 章第 10 節，以及第 12 章第 29-42 節。

③指那些害怕耶和華的、相信摩西話的人，都把奴隸牲畜關在家裡，從而躲過了第七災的冰雹襲擊。

④出自《新約・羅馬書》第 2 章第 5 節。

9 埃及十傷（下）

希伯來人民歷經好幾世紀在埃及的艱苦歲月後，終於出走埃及，前往應許之地，這是以色列故事的其中一盞起著明燈作用的重大事件。這則以色列的故事充滿多重意義，雖然歷經好幾世紀的研究與詮釋，仍然幾乎未能解碼。可是，在希伯來人尚未出走之前所侵襲埃及的十傷真正於史有據嗎？或僅是對這些事件象徵性的、神學上的和精神分析上的穿鑿附會之說呢？

在本章中，我們不會再很仔細地去一一敘述十傷。讀者諸君閱讀過本書第八章及《聖經》經文後，就算沒有相當熟悉箇中內容，至少也會知道些脈絡。

前一章中，我們以神學角度帶領讀者去理解相關段落，尤其是以詮釋法老的鐵石心腸為主。現在則要步上第二個軌道：從精神分析的觀點去讀經。多虧了考古和地質上的發現，讓我們得以試著去找出相關事件的蛛絲馬跡。

摩西和法老劍拔弩張

《聖經》花了這麼多篇幅去描寫有關重創埃及的十大災難，雖然沒指明是哪位法老，但卻都直指是因為他的倒行逆施所引起的。可是，正因為沒確切指出是哪位法老，所以很難以考證那些事情發生的年代。史學家設法將《聖經》與他們手邊有的埃及文獻中的巧合整理出來，以找出浩劫巨變發生的年代，尤其要找出超過六十萬人（不算女人跟小孩）出走埃及前往迦南的年代，因為，倘若真有此事，除了《聖經》經文外，別的文獻應當也會記載到類似的外移。

〈出埃及記〉前面幾個章節可與好幾任法老的王朝對應。據推論，可能的年代應介於西元前十四到前十三世紀左右。某些學者更進一步指出有可能是在拉美西斯二世這位法老任內，因為他不但是位偉大的建造者（所以需要充沛人力，尤其是建造包括他的新首都在內的好幾座新城市），而且他所處的年代就是約在西元前一三〇四年到前一二三六年

（根據法國拉如思 Larousse 出版社所印行的百科辭典的解釋）。雖然許多史學家同意跟摩西作對的就是這位拉美西斯，然而卻依然有陰影在，打從考古挖掘發現了拉美西斯二世的木乃伊起，世人對他就是那位法老的推論便遭到推翻，因為《聖經》經文中提到，當時的法老因追逐正在過蘆海的希伯來人已經淹死了①。

此外，有篇科學論文提出這些創傷在史上的確切年代，應約在西元前一千六百年左右，依此年代推斷也與拉美西斯二世的年代不符合。

《聖經》之所以不精確，那是因為它以發展一種神學為主，而非強調記錄希伯來人歷史。《聖經》透過不明指哪位法老的名號，就是為了強調權勢（此處指埃及人）形象，而非要我們集中注意力在某位君王或某個朝代。

摩西被法老的女兒收養，在宮廷長大，被視為是埃及王子；有時，他還以未來國王的好友，幾乎是哥兒們的身分出現。鄉野傳說與傳統文學中描繪到摩西原與法老交好的這層關聯，其實並無真正《聖經》基礎。但是，這位王子（摩西）與未來的法老間關係密切，這點倒頗可能。然而，當摩西沒遇到什麼刁難便得以順利求見法老，在摩西面前的，就是他童年時的玩伴嗎？有鑒於這兩個男人間的緊張關係，因此我們對這種說法持保留態度。

但精神分析專家則指稱，摩西與法老間的單挑敘述是近似於雅各在博雅渡口的那場打鬥（請參閱本書第七章〈神祕的打鬥〉)。〈出埃及記〉其實是對內心束縛的反射，藉著「出走」作為解放的途徑。摩西發現了那扇由上帝照亮出處的大門；他想帶領所有子民離開埃及，脫離苦役，不再當奴隸。兩位專門以精神分析和象徵角度去解讀《聖經》的學者安妮克·德·蘇珊納樂（Annick de Souzenelle）與瑪莉·巴勒瑪西（Marie Balmary）便是朝這個方向研究的。也就是說，摩西象徵著在你我身上，透過接二連三改變而變得開放後所帶來的自由空間，法老卻代表著你我內心中反對所有自由的反制力量。我們每個人身上都有著摩西和法老在交戰，因為一部分的你我想自我解放以臻應許之地，另一部分則固守既得利益與好處，食古不化。因此推究此事件的歷史背景是沒有意義的，因為它會在每個人身上不停重複，造成內心的激烈衝突。

而十傷中的每一傷則都有幫逾越節象徵作伏筆的作用。

逆轉途徑

這些當奴隸的子民不僅是在法老建築工地上受到剝削的外國人形象，他們求取自由，朝應許之地的途徑也不僅是從奴隸制度中解脫；倘若只是如此的話，那就太簡單，甚至太單純化了。事實上，從伊甸園開始，人——就是他本身、他自己的奴隸。人必須透過自身完全的大逆轉，方得以回轉到上帝那去；人得與自己交戰。這就是《聖經》所謂的「置之死地而後生」。因而作戰在人身上所產生的作用是力大無比的。人是身處困境，在自己內心迷宮內迷失的囚犯，必須「出走」方能找到通道，方得以「復活」，才能得到新生。每個人身上都有著兩種反作用力在拉扯：摩西和法老，兩人雖一起長大，但根源卻天差地遠。上帝訪視摩西，委以重任，摩西是上帝的代表與工具；自詡為神的法老的力量很快便被「我是」所超越。

摩西自稱拙於言辭，以自己說話結巴為藉口，不願意當上帝的「發言人」（正式一點的頭銜就是「先知」），卻遭到上帝聖言催促。而且上帝以一種新措詞去自我介紹！上帝曰：「我乃我是者」。

值得注意的是：雅各與對手在雅博渡口打鬥時，他一直追問：「你叫什麼名字？」卻都沒得到答案。可是當摩西面對燃燒卻不損枝葉的荊棘，並接下上帝交付的使命時，摩西問：「我奉祢的名而去，可是祢叫什麼名字呢？」上帝答道：

「我乃我是者！」②

於是，摩西便成了上帝的代言人，去向一個不停說謊、不遵守承諾、食言而肥的法老宣告上帝諭示。

這是場「言」與「食言」間、真相與謊言間的面對面單挑，這場內心交戰必須能達到解放自我的戰果才行。

上帝不光只是因為要法老讓步，才降下十傷的；那十傷證實了上帝的力量，見證了以色列的上帝在眾神如林的國度中依然無所不能。而每一災難都羞辱到一位埃及神祇。例如，第一次重創尼羅河時，河水成了血水，數以百萬計的魚類都被毒死了，就羞辱到哺育與生殖神。此外，十傷中的另一傷——三日三夜的全夜——則傷害到了太陽神拉（Ra），這是埃及一位很重要的神明。埃及在整整三日三夜裡，到處漆黑一片，四下伸手不見五指，致使人人自危，全都閉門在家。

除此之外，就連河裡的青蛙都紛紛躍出，驚嚇到了所有的人。「青蛙」一詞在希伯來文中也可以理解成「知識的躍升」。青蛙躍出水面，來到地面和屋裡。在《聖經》的象徵中，水和潮溼總伴隨著黑暗；乾燥則象徵光明。青蛙從不自覺到自覺，從晦暗朝光明進展。因而，在某些民間傳說中，青蛙被下了蠱（黑暗），成為俘虜，必須掙脫，必須跳出來，才能躍升為公主（光明）。

根據某些「密德拉訓」（*midrashim*，古代猶太律法中對《聖經》的經義串解），青蛙也象徵著女人回歸，與男人和解，彌補從伊甸園起就破裂的男女關係。

也就是說，為了從內心交戰中「躍出」，也必須讓青蛙躍出！

第三傷：蚊子似乎從塵土而生，跟人一樣。然而牠們卻是害蟲（原希伯來文中寫到這些昆蟲所用的 *kenim*，可以翻譯成「害蟲」）。蚊子象徵性地代表人的創作，因為跟上帝一樣，人把蚊子從塵土中做出來：所以說蚊子是人的發明、技術、甚至是人的思想體系，也就是人的意識形態，乃至於偶像崇拜。一旦這些創作取代了造物主上帝，便會造成危害。

人是塵土，故而終須歸於塵土。以上這些概念都在於提醒世人：人的產物根本微不足道。讚揚這些產物、自詡為神、搞偶像崇拜，都是很危險的。*Kenim*（害蟲）一詞與動詞「崇拜」或「尊敬」的字根 *Kanoh* 有密切關係。但是，不該崇拜塵土生出來的果子，否則就會玷污真正的上帝。

法老自命為飽受尊崇的神人，殊不知「法老」（Pharaon）一詞中卻帶有「灰塵」（*Aphar*）；「法老」一詞本身就暗藏挖苦之意，諷喻這位飽受尊崇者只不過是塵土罷了。可是當時法老還不知道。熱中大興土木的他，眼見一座座城池平地升起，提供苦勞的希伯來人則必須以塵土造磚……只不過這些人為炫耀的建築卻註定會成為廢墟。

第四傷跟第三傷類似：毒蠅、甚至連牛虻都出現了。若說蚊子象徵迷信與錯誤的信仰，那麼毒蠅、牛虻就代表人類墮落，宛如動物之流般荒淫放蕩，所以通常只叮咬動物的牛虻，才會去攻擊人類。而埃及有兩大以動物形象為代表的神明：亞比士（Apis）的公牛形象，阿蒙（Ammon）的公羊形象。上帝透過攻擊牛羊，象徵著消滅埃及的偶像。

我們這才走到大災難的半路上呢！透過動物相繼死亡，宣告了第五傷的到來，第十傷則是頭胎均不得活命。牲畜的死象徵著活生生的世界、人自以為是神的世界已然過去。瘟疫，跟痲瘋病一樣，在《聖經》的語言中，都是種不潔淨的疾病，將罪孽物化為死亡。

精神分析家很高興列舉出受到衝擊的動物，他們認為每種動物都對應著某種人類確切的內在世界（及其內心的交戰）：馬是性慾的標誌；驢子同時既代表苦勞又是順從（也就是說徹底服從，乃至於成了奴隸）；駱駝是沙漠動物，代表試煉、無情；大型家畜象徵非常具人性的三部曲：喜悅－擁有－力量；小型家畜則象徵著尋求穩定。

必須先毀壞人內心中所帶的獸性才能抓緊未來，建立未來。「瘟疫」一詞在希伯來文中寫作 *Deber*，*Dabar* 則是希伯來文中的「聖言」之意，兩者寫法很接近。我們觀察到這點時，覺得實在妙不可言。

當「瘟疫 *Deber*」毀滅動物——殘留在我們內心的埃及法老——之際，摩西建立在你我身上的「聖言 *Dabar*」便可與之抗衡。

接下來的創傷：《聖城本聖經》③指出也有深意在：「潰瘍生出爛瘡象徵驕傲的心；以自我為中心，自我膨脹，直到爆炸，化膿般的情緒四下散播。」

人和動物潰瘍、長爛瘡，經文中提到這種奇怪的疾病四次，而這麼精確地提到這次數，就是強調所有受害者都在內、都受到傳染，無法逃出此惡疾的傷害；必須改掉自己的傲慢之心，否則就會有變成臭氣熏天的自負與自以為是的危險。

摩西把煤灰灑到法老的臉上，疾病才開始蔓延的。為什麼選煤灰呢？因為煤灰是燃燒的殘留物，燃燒後的灰燼。火必須燒毀你我身上的惡人法老，新人摩西方能在熾熱的愛中誕生。

「煤灰」與「打鬥」這兩個詞的用意相同。它們讓我們（又）想起了雅各跟神祕敵手──他自己，或他身上的法老──打了一宿的那件事。打鬥結束後，隨著初升的黎明，他戰勝了自己：他自己身上的惡已遭到摧毀、被燒盡了、消耗殆盡了，散失在火中的煤灰裡。

第七傷：是場驚天動地的天然災害，有史以來，人類從未見過那麼恐怖的大冰雹。冰雹乃上帝神能之顯現，如同先知以賽亞所寫的：耶和華（YHWH）必使人聽祂威嚴的聲音，必使人感受到祂降罰的臂膀，祂的震怒伴隨著噬人的烈火、霹雷、驟雨、冰雹。（〈以賽亞書〉第 30 章第 30 節）這段經文引述到了代表上帝身分的四子音：YHWH，與〈出埃及記〉中一樣。這段經文中所提到的驟雨、冰雹，在希伯來文中，「驟雨」和「精液」是同一個詞，而且是唯一的一個詞！

上帝對大地施以暴力，上帝這不是在讓大地豐饒，而是在毀壞。第七傷呼應第七日的創世，上帝在那日「完成了」（換句話說則為「終結了」）創造天穹與大地。

希伯來文中的「冰雹」（*Barad*）與「聖言」（*Dabar*）也有所關聯，因為它們是由相同的子音（排列順序不同）所拼出來的：BRD。因而「聖言」與「冰雹」均為上帝「神能」之同義詞。

此指當人類自我創造、自我建構，還有仰仗性能力與創造力去做出一切的時候，他唯一辦到的唯有毀滅自己的播種和施肥角色，其實他並未生產，反而因為蹂躪、毀壞、摧殘內心而造成毀滅。

接下來就是第八傷，蝗蟲過境，可說徹底毀滅掉了冰雹遺漏的、尚未毀滅掉的。可怕的蝗蟲在該區無人不知、無人不曉，是人人聞之喪膽的大難。蝗蟲一過境，就留下處處荒漠一片。蝗蟲鋪天蓋地而來，同時也組成了一支成群結隊而來的軍旅。

不過有一點很有趣，那就是《聖經》中所翻譯的蝗蟲一詞是用單數型式，就像蝗蟲是一整個散不開的個體，不過當經文表示到處都是蝗蟲，就連屋內亦未能倖免的時候，用的又是複數。單複數這點的交互運用還是相當有意思。這些昆蟲暗指魔鬼。別忘了，有一天，耶穌幫一個被魔鬼附身的人驅魔，耶穌問魔鬼：你叫什麼名字？魔鬼回答：我叫軍旅！（〈馬可福音〉第 5 章第 9 節）

某些評論家認為，那些成群結隊的蝗蟲象徵著人世間一心追求飽食暖與思淫慾，這支軍旅吞噬掉了人類對上帝應盡的責任與信仰。

倒數第二傷：就連該是大白天的也成了黑夜。這是種貶抑太陽神拉、削減其力量至最弱的方式，但黑暗也是種呼喚，提醒世人須好生警惕，因為他們絲毫未受到上帝光芒照耀。黑暗與光明正相反，因為人在光明中無所遁形。尤其重要的是，人會包藏禍心，在心中利用夜晚與昏暗玩著把戲，罪惡與惡習因而在心中安居。但由於人類拒絕光明，於是便遭天譴，在永夜中昏暗度日。

但誠如太初時的混沌，黑暗類似誕生一般，也等著那句撕裂它、打開它，從而解放它的話：「光！」④

與人類得在胚胎中待上九月後方能出生一樣，黑暗也是埃及的第九災。隨著災難的往前推進，出走埃及的時候也接近了。埃及國內也人心惶惶，即將引爆人民對追求自由、追求未來的渴望。但想探索深淵，還是得進到黑暗最深處，於是才出現了接連三日三夜的黑暗。希伯來文中以 *Aphelah* 表示三日三夜的黑暗，這個字眼與 *Aleph* 有關聯，*Aleph* 則是字母表的第一個字母，代表一個美好的開始。

希伯來人即將獲得重生，在摩西與法老的內心交戰之役中，勝利屬於懂得走出黑暗，迎接光明的那方，如同從苦役中解放出一般。三日三夜的黑暗：這三日的全夜在基督復活時又出現過，基督乃「世界的光」。何況〈福音書〉上還記載耶穌是死於第「九」小時⑤。〈福音書〉也寫到耶穌為了拯救有待援助的生靈，在死亡的那三天中進到深淵裡去。又多出了道謎題，雖然無法解碼，但卻不乏滋味。

羊羔與頭生子

在第九傷與第十傷之間，《聖經》插入了希伯來陣營裡的逾越節規矩，必須以羊羔獻祭、分享、食用，還必須將羊羔的血塗在門框與門楣上。倘若我們不近距離觀察逾越節羊羔的悲劇性由來，倘若我們忘了另外一樁也擺上了祭壇的頭生子，就沒辦法真正了解第十傷的意義。

以色列的首位族長亞伯拉罕，有天聽到上帝要他獻上兒子作為祭品：上帝想考驗亞伯拉罕，便召喚他前去。後者回道：我在這兒聽您吩咐呢！上帝又說道：帶上你的兒子以撒，你那心愛的獨生子，去到亞摩利的地方，我會指示你一座山，帶他到那去，獻祭給我。(〈創世記〉第22章第2節)

乍聽之下，這道命令頗令亞伯拉罕不解；但別問對錯，只顧著服從上帝就是了。就是得心甘情願地做出信仰虔誠的行為，而且這種行為必須與逆來順受、奴性不同，必須發自內心才行。故事的後續家喻戶曉，總之所有希伯來人都耳熟能詳：正當亞伯拉罕準備好燔祭愛子的時候，上帝制止了他，讚許他的信念，顯現出一隻公綿羊，並允准亞伯拉罕將其替代兒子放在祭壇上。

一旦進入這段以色列子民皆不會忘記的情節中，逾越節羊羔標示著就快出埃及，就快前往應許之地了。全人類心中都有一個埃及，每個人心中的埃及境內都有摩西和法老在交戰，至於未來的基督——另一隻上帝的羊羔與另一個將被燔祭的獨生子——我們在讀這兩段經文的時候，就會發現好多彼此相呼應、相關聯之處。

為了能真正「出」埃及，離開那苦役之地，既得與外界的魔鬼相鬥，也得跟內在的邪魔作戰。得一直走到深淵最深處，在黑暗中探索挖掘，方能高唱凱歌，勝利歸去。但想得此勝利，就得自己先置之死地而後方能新生。但我們無法因為要生而自殺，所以就得找個代替品，羊羔就成為最好的「替罪羔羊」，牠身上背負著人的謬誤與漂蕩。羊羔跟替換了以撒的公綿羊一樣，是人類用來矯正內心的替代品。唯有歷經千錘百鍊、犧牲獻祭，才會有重生的力量。

倘若拒絕此一轉變，就代表尚未戰勝自己心中的法老，理應受死。於是滅絕天使就會來除盡所有埃及人的頭生子，就連動物的頭胎也不能豁免，不過天使卻會赦免門上有羊羔血跡的人家，羊羔就是免死金牌。

經過體會字裡行間的言外之意，十字架以及基督之死的意義已經顯出雛形了。繼象徵性的、以神學和精神分析觀點去讀經之後，以期待救世主為出發點的讀經也就此開始。

諸如此類的發展令人有點頭暈，純粹以信仰為出發點去讀經，有時會模糊了經文的焦點，不可論知者因為過多的意象感到驚訝，而那些意象當然是可以另外的方式去觀看與評論。然而很顯然地，這些〈出埃及記〉的篇章如此暗藏深義，有待解碼，令人懷疑是否僅因為勸誡世人要反省、為了建立普世原則和為了刺激想像力，才編造出這些神話來。故而，我們產生了一個疑問：故事也需要有歷史根據嗎？對某些作者而言，答案是否定的，而且他們還會在描繪故事時加上自己的信念，一眼就可看出其敘述很單純就是虛構出來的。

有些人則認為所謂的「埃及十災」，其實很簡單地就是某次大災難後所產生的連鎖反應，所以很邏輯地造成了一連串浩劫。好，那麼我們就可以往埃及南部，就在尼羅河源頭邊上，曾經遭受過一次大地震（或一場大雨）的方向去思考。因為這次大地震，所以才導致紅土傾注河中，尼羅河為之變色，看起來才像血水。而魚兒也才會受到這有害的土壤戕害而被毒死。接著就是在那段期間，尼羅河岸邊的大量青蛙也會因而逃離污染的河水。魚和兩棲動物的相繼死亡有可能導致數以百萬計的昆蟲孵化孳生：蚊子、蒼蠅、牛虻……再來則又輪到這些害蟲去傳染惡疾給牲畜，人也因而受到波及。所謂「禍不單行」，冰雹和大自然的反撲則導致了接下來的浩劫。

套句最普通的說法：以上這些都逗得起來。

科學佐助《聖經》

就最新發現看來，以上這些假設都是千真萬確的，但不是震央位於奈比亞或索馬利亞的地震才造成一連串災難連鎖效應，而是位於地中海彼岸的希臘火山爆發。

根據法國的吉勒．樂希柯萊（Gilles Lericolai）和美國的威廉．萊恩（William Ryan）兩位科學家表示，位於希臘群島的聖托里尼（Santorini）火山爆發符合「埃及十災」的狀況。他們倆於二〇〇二年出版的研究成果發表，引起二〇〇二年五月號的《科學生活》雜誌（*Science et Vie*）的廣泛討論。

聖托里尼火山群面對離埃及海岸約七百公里處。距今約一千六百年前，聖托里尼曾猛烈爆發過一次，噴出三十公里立方的火山灰和熔漿。根據第三位專家：來自克雷蒙 - 費昂（Clermon-Ferrand）火山學實驗室的提姆．朱特（Tim Druitt）表示，壓迫聖托里尼火山爆發的速度已達到聲速。當時的火山灰和冒出的濃煙還形成了約三十六公里的氣柱，依風向而定，朝克里特島或朝埃及飄了過去。

爆發也引起了大海嘯，以同心圓形狀由內往外傳遞。這場天災造成米諾斯文明⑥消失於愛琴海中。巨波長浪有衝到埃及沿海嗎？不得而知。但學者專家們認為火山灰有飛到尼羅河三角洲地帶。沉積物學家丹尼爾．史坦利（Daniel Stanley）對地層學研究的數據，證明的確有來自火山的微粒存在，其化學成分的年代與聖托里尼火山的爆發的年代一致。而這些被稱為 téphras 的火山噴發物，便有可能是造成第一災的起因。樂希柯萊宣佈在聖托里尼附近找到許多酸熔岩形成的岩石，海灘因而呈現紅色。此外，萊恩從所培養的硫酸火山微粒成分中，探知足夠氧化尼羅河的亞鐵岩石和毒化水質。

帶著火山微粒的雲層隨風飄蕩，也有可能「再降」埃及好幾天，致使天空變得灰濛濛的，令該區陷入昏暗。

同時，微粒也會構成冷凝的核粒（雨滴或冰珠）。據法國氣象台研究員尚 - 弗杭斯瓦．侯傑（Jean-François Royer）指出，這種現象後首先就會下雨，其次就會出現暴風雨和下冰雹。

傾盆大雨降在埃及這樣的國家中，是會引起驚人、甚至很嚴重的後果。侯傑表示，天氣巨變後不久，就會造成數以億計的蝗蟲成群入侵：每平方公尺就有兩百隻蝗蟲，每天會吃掉其體重一半重量的糧食。

若說聖托里尼火山爆發導致了大海嘯與暴雨，空氣中的溼度上升也造成青蛙叢出、害蟲孳生。美國流行病學專家特別指出兩種：*stomoxys calcitrans*（蒼蠅的一種）和 *culex antennatus*（蚊子的一種）。這兩個種類會傳染惡疾給動物還有人類！在當時那種氣候和環境中，任何一種皮膚病都可能傳染開來，從而惡化，變得潰爛或膿瘡。

即使我們剛剛看到的可算科學佐助《聖經》經文的說法，但依然有兩大謎團完全沒能得到解釋。首先就是：摩西去通知法老每場災禍的到來；他竟然有辦法在既不聽天氣預報，又對希臘海中的火山一無所知的情形下，就能接二連三地預報起一些在當時仍屬未知的大自然現象。

有的人會說因為他很幸運，純屬巧合。有人則說，因為那是之後才寫的故事。猶太教士肯・斯彼洛（Ken Spiro）則認為，某項神學原則就是出自該段經文與超自然現象：猶太教認為，大自然的確受到上帝控制，但同時也認為上帝創造了自然法則，卻不會加以干預。上帝是無所不能的，但祂不會以玩弄有形世界與祂自己所造之物為樂。所以大部分的奇蹟多半都以驚人的時間精確性去發動大自然現象。

換句話說，當上帝指示摩西對法老說些什麼、做些什麼的時候，祂也召喚聖托里尼醒來。

還有一個謎：若說所有創傷與災難都是聖托里尼爆發的結果（上帝設定好時間才發動的），可是為什麼只會降到埃及人頭上？希伯來人陣營卻可免於災禍臨頭？所以這種推斷還是非常難以取信於人。

在此提醒各位注意一下：搞不好懷疑東、懷疑西會讓你我心中的法老重生噢！

①這段請見〈出埃及記〉第14章第15-28節。另，有關「蘆海」，通譯從原《舊約》希臘文七十士之「紅海」，但這容易令人誤解為今日阿拉伯半島和非洲間的「紅海」。此處的「蘆海」應為蘇伊士灣及尼羅河三角洲東部湖澤。本書作者捨舊譯 La Mer Rouge（紅海）而寫作 La Mer Roseaux（蘆海），譯者從之。

②見〈出埃及記〉第3章第14節。

③La Bible de Jérusalem，耶路撒冷道明會聖經學院於1956年自原文所譯出的法文版聖經，後於1966年再根據此法文本，譯成英文版聖經。

④見〈創世記〉第1章第3節：「上帝說：光！就有了光。」

⑤《新約．福音書》記載，耶穌於上午九時開始被釘上十字架，釘到下午三時，釘十字架前曾受苦三小時，所以耶穌最後是死於第九小時。

⑥在西元前三千年到前一千四百多年之間，克里特島的米諾斯（Minos）文明是西方早期先進的文明之一。

10 太陽的任性妄為

基遍人與亞摩利諸王的戰事正熱，軍隊長官請求約書亞及其麾下出兵相助。約書亞為了能有時間贏得戰事，遂禱告耶和華，讓日頭停留。於是一日便宛若「兩日」之久！（請參閱〈約書亞記〉第 10 章）

西希家王從先知以賽亞口中得知自己將不久於人世。西希家去找上帝，求祂延年益壽。上帝同意了（幫他多延了十五壽歲）。但西希家想要個兆頭，便提出要日影倒退作為證明。於是日影就倒退了好幾度！（請參閱〈列王記下〉第 20 章）

約書亞是摩西的繼承人。是他帶領那些於四十年前跟摩西一同出走埃及的希伯來人進到應許之地的！他的使命就是征服迦南之地，並將以色列的十二支族安置於此。這不但歷經了數年之久，而且絕對備嘗艱辛。除了在通過某些地點和區域時曾遭遇到許多困難外，各支族間也戰火頻傳。而就是當大家聯合起來抵抗約書亞信徒時，才發生了《舊約》其中一樁最神祕的事件：約書亞一聲令下，日頭停留！

這個在〈約書亞記〉第十章中所提到的情節，當然有引起一些評論，也促使或多或少天文學與科學方面的研究。

下文便是《舊約‧約書亞記》第十章第一到十五節經文中是如何敘述這個令人難以置信的奇蹟：

耶路撒冷王亞多尼洗德獲悉約書亞奪了艾城，全城皆毀，他是怎麼對待耶利哥和耶利哥的王，約書亞就怎麼對待艾城和艾城的王。又知曉了基遍居民與以色列子民簽署協議，雙方和平相處。消息傳來，令耶路撒冷十分懼怕，因為基遍城比艾城還大，有如都城一般，而且城內都是驍勇的兵士。所以亞多尼洗德差人送信去給希伯崙王何咸、耶末王毘蘭、拉吉王雅非亞，和伊磯倫王底璧，信上寫道：「速速前來助我一臂之力去攻打基遍，該城居民與約書亞和以色列子民立了和約。」因而這五位亞摩利王：耶路撒冷王、希伯崙王、耶末王、拉吉王、伊磯倫王便聯合出兵，圍著基遍城紮營，予以痛擊。基遍人差手下到吉甲營中去見約書亞：「萬勿袖手不顧你的僕人，求你速來幫助我們，拯救我們！所有來自山區的亞摩利王一齊整軍對付我們！」

接獲求救書信後，約書亞與其精兵勁旅及所有部隊旋即離開吉甲。耶和華對約書亞說：「毋須懼怕他們！我已將他們交付於你的能力之下，無一人能抵禦。」約書亞就從吉甲行軍終夜，出其不意地進攻亞摩利人。耶和華使亞摩利人在以色列子民跟前潰不成軍，在基遍附近大吃敗仗；以色列子民乘勝追擊，直追到伯和崙的上坡，一路窮追猛打，直到亞西加和瑪基大。

當亞摩利人在以色列子民跟前逃命，從伯和崙的另一邊下坡竄逃之時，耶和華從天降下巨大冰雹打在他們身上，他們一路受到冰雹攻擊直到亞西加。被冰雹打死的，比被以色列子民的刀子殺死的還多。

耶和華將亞摩利人交付給以色列軍隊那天，約書亞在全部以色列子民前禱告耶和華禱，說道：

「日頭啊，你要停留在基遍之上！月亮啊，你要靜止在亞雅崙山谷之上！」

日頭停留和月亮靜止，直到以色列族人向敵人報仇。就像在「義士書」上所記載的一般，日頭停留在半空中，整整一日不落下。

無論在此之前或之後，從沒有一天像這天一樣。耶和華的所作所為就跟人的禱告那般：耶和華御駕親征幫以色列出戰！

事後，約書亞便和所有以色列子民回到了吉甲的營中。①

約書亞和伽利略

長久以來，天主教權威當局一直都很支持當時科學家所提出的地球是平的、地球是宇宙中心的理論；所有星體都圍著地球轉，尤其是太陽。而宗教高位者也特別支持基本教義派所詮釋的經文義理，尤其是約書亞時期，有關日頭停留一節的說法。所以當伽利略於一六三〇年代提出地球只不過是太陽系其中一顆行星罷了的理論時，才會受到教會方面的嚴厲譴責。然而多虧他自己改進了天文望遠鏡，伽利略方得以朝地球圍著太陽轉（而非太陽繞著地球轉）一說繼續探究。

於是天主教便對伽利略的案子進行了宗教審判，判定倘若他再執迷不悟，堅持異說，就只得把他燒死。伽利略為了保命，同意公開否認先前發出的聲明，但從那時起，他那開始出名的理論卻也引起了竊竊私語：「搞不好，地球真的在轉！」

得等到一七五七年，教會才採納並傳授太陽為宇宙中心說，從而推翻了先前的地球為宇宙中心等論說。

伽利略是對的。地球的確在自轉，而且最重要的是，地球還繞著太陽公轉。這點令教會很難堪，更正起來八成不怎麼樂意，但這些新的天象學說法，卻造成解釋《聖經》義理的大災難。從此以後，諸如約書亞的那段敘事，該如何自圓其說呢？提到猶太國王西希家一生的那些情節，又當如何是好呢？

其實，約書亞時代讓日頭停留一事常被拿來與另一現象相提並論，似乎得上溯到很久以前發生的一件事！

那是在《舊約・列王記下》中所提到的一個超自然現象：

在那個時代，西希家國王身染致命惡疾。先知以賽亞去見他，對他說：「耶和華的諭示如下：你可以好好安排後事了，這次疾病必要了你性命。」

於是，西希家便轉臉朝牆，向耶和華禱告：「耶和華啊，求祢念在我對祢一片赤忱忠心，我的表現一直都很討祢歡心啊！」說畢，淚水就撲簌簌地流了下來。

以賽亞還沒有下到皇宮的內院去時，耶和華便命令他回到領導其子民的西希家那兒，去告訴他：「以下就是你先祖大衛的神耶和華的諭令：我聽見了你的禱告，看見了你的淚水。那好，我且治癒你；後天，你就又可上耶和華的神殿。我甚至還延長了你十五年的壽數！我會拯救你們，你和耶路撒冷，脫離亞述王爪掌，免遭撕毀。因為我是上帝，為了我忠心耿耿的僕人大衛，我必保護這城。」

以賽亞讓人取來一塊無花果餅，置於病灶之上，好醫治國王。西希家問先知道：「有什麼兆頭可以證明耶和華已經治癒我了？後天我又能上耶和華的神殿呢？」以賽亞說：「耶和華必會成就祂所說的，這就是祂給你的兆頭，好叫你放心：

日影會在樓梯上移動十階，你要日影前進或倒退呢？」西希家回答說：「日影前進十階比較容易，所以我要日影倒退。」

先知以賽亞求告耶和華，耶和華便讓樓梯上的日影，往後倒退了十階。（〈列王記下〉第20章）②

日影移動明擺著就是種「太陽運行」的脫軌現象。有必要比較一下這兩則故事，才能解決這個天文學上的雙重問題。

縱使身為律法創造者，總的來說，《聖經》裡所敘述的上帝都很尊敬造物律法。但在上面這兩樁令我們質疑的事件發生期間，上帝卻把宇宙秩序給搞了個天翻地覆。諸如此類的經文實在令科學家捧腹大笑不已。但是，在一九八〇年代，好幾本福音方面的雜誌（首先是在美國，後來歐洲也有）中便提到，一群研究地球年齡的天文學家曾以科學為基礎去計算地球年齡，但是得出的結果卻不符合事實：地球竟然多出二十四小時。結果與事實間的差異，卻始終無法以數學運算加以解釋……直到有一天，某人湊熱鬧，也跟著這些天文學家做起研究，並想起〈約書亞記〉及〈列王記下〉的經文為止。

越來越多人表示懷疑

許多科學家感到左右為難，持保留態度；對他們而言，這部分《聖經》經文都是些神話。天文演算結果證明真正有少了一天的這件事已經好久了，但由於最近幾十年又找到了「新事證」的刺激之下，才又重新引起大家注意。這些新事證就是仰仗美國太空總署發現的佐證下去洗刷某些經文僅是神話一說，因為太空總署的電腦做過演算，終於得出了（「又」得出了）地球年齡比實際上少了二十四小時的空洞！好了，這下問題來了：連年代都不清楚、日期就更別說了，一差搞不好就差了一世紀的情形下，到底是怎麼發現少了這一天的呢？又怎麼能把這些不確定的日期拿來當成計算基礎呢？既然沒確切的日期作參考基準，又怎能發現少了一天呢？

然而，某些基督團體，以及好幾十本書籍與許多的網站裡面，卻依然認為太陽停止運行是千真萬確的事，而且還是有根據可以去核實的。它們所提出的進一步證據幾乎都相當雷同。

其中一個最詳實的版本就是哈洛．希爾（Harold Hill）提出來的。他是美國馬里蘭州巴爾的摩寇蒂斯機械公司（Curtiss Machinery Company）的總裁，也是美國太空計劃的技術顧問，並跟太空人及其他航太專家一起做研究，負責確定太陽系中的太陽、月亮和行星接下來的軌道，以制定出未來好幾百年間的衛星運行軌道。為了預先設想與防止任何可能的意外發生，得先對好幾千年來的行星蹤跡深入研究！最先進的電腦則針對這些目的進行運算。然而，電腦計算出來後，傳送給機器的數據卻包括了一個致命的錯誤。

IBM 專家奉命去檢查電腦狀況：問題在於數據而非機器本身。但卻沒人找到解答，直到一名員工想起〈約書亞記〉第十章的經文為止。學者們立即查閱《聖經》，甚至因而找到了毛病……修復了機器！問題迎刃而解，或說幾乎迎刃而解。因為又浮出了個新問題：演算時增加二十四小時是不正確的。事實上，必須加上二十三小時二十分鐘，整個驗算才會正確！好個令人震驚的新發現！《聖經》竟然比科學還精確，因為經文記載日頭「幾乎」多停留了一日。而經過科學實證後，的確還差四十分鐘才到一日！可是，為什麼這麼多世紀以來，就單單少了四十分鐘呢？不得而知。這正是科學家頭痛的部分，更成了有待他們去解謎的使命。

幸虧那位知道約書亞故事的同事，也知道西希家王和日影倒退那段。

沒錯！日影在樓梯上倒退十階的時間不就剛好符合那四十分鐘嗎？！妄下此斷言當然是毫無根據的，除非我們能親眼目睹，好好觀察那赫赫有名的亞哈斯樓梯……可是就連這個樓梯是否真的存在過，也從來未經證實。

由此我們可以發現，越深入探究細節，可議之處就越多，反證也越來越多。科學非但未能解開謎團，還會繼續提出反駁。

科學探索

科學探索都是以觀察與經驗法則而產生相當數量的假設

為出發點，所以它總是那般不可知。對科學探索而言，所有大自然的現象都可以解釋，因為它們都按照一系列起因與效應在起著作用。大自然的一切都由整體而言很機械化的律法所統籌。

隨著科學對玄妙、神祕或泛心理學式的大自然現象之研究，大自然的已知律法在科學上並不存有任何懸疑。也就是說，超自然現象並不存在。因而，科學大力反對此說：單靠一個人的一句話，日頭便決定停止運行好幾小時。科學還補充一點，就算真的出現了這種現象，也會對地球及地球上的居民造成災難性的嚴重影響與作用：會引起世界末日般的大海嘯，不計其數的人會因而喪命。

但科學不時也會謙卑及講求實際，所以它倒也承認自己所制定出的模型與導出的簡單律法，經常僅是尚未被發掘的真相之略估罷了。

某些神學家支持，科學最後總歸會確認《聖經》上的記載屬實。但相對的，科學家卻拒絕此類斷言。因為此類斷言來自奧義傳授及宗教範圍，無論是何者，都會說科學只是「重新發現」了自古以來便被視為永恆的真相。的確，神學宣稱科學須得臣服於上帝；科學不能成為偶像，不能自以為高過上帝，或成了假上帝！就這番神學論述來說，認為上帝乃不可知者的科學家的回答是，凡有牽扯到靈類的真相，都只是些神祕推演，以宗教為前提，並不注重理性檢驗。

還是快點回到我們最開頭討論的那個話題吧！就算是科

學，也沒辦法解釋一切。

現代探險家分析在天涯海角、在世界某個角落找到的某種元素時，他們觀察到大自然的表徵（或結果）時，卻只發現了難題。就目前來說，無法解決的問題為數甚多：就在北印度的喜馬拉雅山山腳下，依然留有冰磧（冰河侵蝕搬運後的砂礫等堆積物），這些冰磧並非來自鄰近山區，而是來自於南印度——這該如何解釋呢？某些專家甚至可以說出泰晤士河是萊茵河支流這種話。而北海又是因地表的哪些崩塌作用才形成的呢？大陸漂移是唯一的解釋嗎？安地列斯和喜馬拉雅除了均為地球上最高的山脈外，還有好幾項共通點，可是，這兩道山脈在地理學上卻幾乎是全然相反的。兩「兄弟」間的這種差異是無法解釋的。

很顯然，地球必定經歷過一場史無前例的大變動，從那時起，尤其是所謂的史前動物就因而消失，而且幾乎就在一天之內便滅絕殆盡。是的，某些在極地冰山中所找到的哺乳動物口中，甚至還有亞熱帶的食物呢！牠們是如何？又受到什麼東西的驚嚇呢？——不可能在幾小時內便冰封大地，又不是在拍電影《明天過後》。巨大的隕星撞擊地球，才讓地球在自己的軌道上搖擺不已，那——撞擊的痕跡呢？

我們可以寫下好幾千頁諸如此類不可解事件的案例。

我就再舉個大家都記憶猶新的例子好了：二〇〇四年聖誕節隔天，造成全球傷亡慘重的大海嘯，當時媒體是怎麼報導的？

某些大自然現象可引起地圖輕微變動：二〇〇四年十二月，在蘇門答臘北部近海所發生的那次海嘯是因超級強烈大地震所引起的，毫無疑問在東南亞造成將近二十九萬人死亡的慘劇。

大難過後，種種解釋和分析紛紛出籠：地震是因為地層板塊移動所致。印尼的確是受到板塊擠壓，而蘇門答臘則位於兩大板塊交界：南有印澳板塊，北邊則有歐亞板塊。最強烈的地震都發生在板塊交界處。在蘇門答臘這個地區，印澳板塊受到歐亞板塊擠壓，故而造成碰撞。一旦地表沒法抵禦這種壓力，就會形成斷層。那次大地震所造成的斷層，經測量，達到兩百五十到三百公里之多。

海底情況一旦惡化，便會在海上形成壓力。地震將海底的兩大板塊擠開，造成海嘯或可稱為 tsunami ③。海底地殼移動，造成海平面滔天巨浪，速度高達每小時九百公里——可與飛過海平面的飛機速度相抗衡。

那次侵襲東南亞的大海嘯，全世界的絕大部分都受到震撼。就連位於超過海底震央兩千公里之遙的馬爾地夫群島都受到波及，馬來西亞也一樣。那波海底聲浪也傳到了印度洋沿岸的東非。索馬利亞許多漁夫都宣告失蹤，肯亞也有好些被淹死。就連遠在震央七千公里外的留尼旺群島，都還有人看到大浪拍上海灘，好幾艘漁船還因而受損擱淺。

官方正式聲明如下：「大地震的震央位於印尼半島附近，地震過後不久，海嘯造成蘇門答臘嚴重損害。幾乎高達十公尺的巨浪撲向亞齊省；該省就是這次受害最嚴重的地區。大自然的力量大到甚至令海島位移。孟加拉灣的所有國家，也就是指斯里蘭卡、印度、泰國、緬甸、馬來西亞、馬爾地夫和孟加拉都受此致命海嘯的無情摧殘。滔天巨浪一直衝到非洲沿海，直奔索馬利亞、坦尚尼亞和肯亞……」

於是小島被大海吞沒，有些則變更了位置，甚至連南極都好像偏離了好幾度。

從這個最近才發生的案例中，便可充分了解到大自然有多難預料。但同樣一個災難，若是發生在約書亞或摩西時期，而且以當時的文字或知識範圍去敘述的話，很可能會引起今日科學家的全盤否定！

既然二〇〇四年那次的大海嘯可以移動海島、城市和村莊的地理位置，那麼古代的海嘯也辦得到——考古學家最高興了，因為他們所發掘出來的東西常令他們不解或引起爭議。也正是由於二〇〇四年十二月二十六日的那場大海嘯，才讓被厚沙淹沒了好幾世紀的南印度古老帝國遺跡得以重見天日，兩頭雄偉的花崗岩獅子和一座古銅製的菩薩出現在大海嘯退潮後的主要考古發現中。在那些於印度南部濱海古城瑪哈巴利普藍（Mahabalipuram）所發掘到的珍寶裡，有一座石屋的遺跡，還有一頭一半雕在岩石裡面的大象。這些物件都被大浪給沖了上來，浪退之後，留下巨量淤沙。

打開一扇新窗

且讓我們再回到那兩樁有關太陽的雙重事件上吧：約書亞一聲令下，日頭停留；在西希家王的要求下，日影倒退。我們不能說我們進行的調查推進了一大步，其實可說是什麼都還沒查出來。即便是最相信《聖經》每句經文（無論是經過史上證實的，或依然與科學相矛盾者）的基督教徒，面對這種超自然現象也詞窮了。

得從字裡行間去找暗藏的寓意、象徵？甚至從經文中去找出提到超自然、無法理解事件的精神分析嗎？

前一章中已經提到，但我們在此可以再重複一遍：《舊約》最早的讀者（猶太人）就有辦法從故事裡將奇蹟的謎團抽絲剝繭。我們在此想打開一扇新的窗，當然會因此而擴大了有關《聖經》經文謎題和神祕的範圍。

這扇窗我們已經開了一半，不過還是再大膽點，把它全給開了吧，這樣才能發現新天地。

之前我們已經看過了：與《摩西五經》同時，古猶太人還發展出了一種很自由閱讀《舊約》經文的方式：「密德拉訓」。這種讀經方式專屬猶太人，雖然基督徒並不是「密德拉訓」專家，但他們在讀《舊約》與《新約》時，還是會設法以此解釋彼或以彼解釋此，兩者互為解釋。同樣的，就算基督徒專精《新約》，但猶太人卻因不承認耶穌是彌賽亞，所以並不會去讀《新約》。可是《聖經》既然本為猶太—基督之創始經文，所以猶太—基督均遵守箇中教義。無論如何，這是當希伯來文及希臘文專家墨利斯·麥桂（Maurice Mergui）以

「密德拉訓」（古代猶太律法中對《聖經》的經義串解）觀點去解讀《新約・福音書》時所抱持的想法。他提出利用「密德拉訓」方式去解讀《新約》，此一創舉雖大膽，卻可能開啟驚人的新讀經觀點，尤其對〈約書亞〉第十章的經文而言。

約書亞（Josué）和耶穌（Jésus）——在希伯來文中，這兩個名字是相同的——都寫作 Joshua。約書亞帶領從埃及出來的人民到迦南之境，並在那應許之地安頓了下來。《新約》中的「約書亞」——耶穌——也帶領上帝的「新」人民到新的應許之地。

為了能同時掌握兩者，所以我們又得回到希伯來文上，也就是寫下〈約書亞記〉的文字上。希伯來文〈約書亞記〉中的 *va-ta'amod ha-Hama* 被翻譯成：「日頭停留」，但也可以翻成：岳母起來了。

當然這兩種表示方式根本就不搭軋，譯者是視上下文來決定該用哪個解釋，其正確性或有出入。

但有一點是很明白的，那就是 *ta-amod* 這個詞，除了「停住不動」外，也可以解釋成「起來」。所以，太陽到底是升起呢？還是停住不動？！岳母到底是起來呢？還是躺著不動？！

麥桂認為可引三本〈福音書〉去治療〈約書亞記〉經文中的疑難雜症。為了簡化，筆者在此就只引述〈馬可福音〉：

「他們一出會堂，就跟雅各、約翰一道上西門和安德烈家去。西門的岳母正害著熱病，躺在床上；他們馬上就告訴耶穌。耶穌靠了過去，拉著她的手，扶她起來；她的高熱馬上就退了，並開始服侍他們。」（《新約・馬可福音》第1章第30節）

跟日頭停住不動一樣，這裡則是岳母起來服務。而就在岳母熱病痊癒之後，福音經文就提到了……太陽沉下！

太陽於是沉下，萬物陷入昏暗不明。按照字面意思解釋的話，停止的那個（太陽），也就是將會到來的那個（太陽）。在《舊約》中先知所使用的語言，太陽到來是一種表達方式，代表上帝使者——彌賽亞——的到來（對基督徒而言：耶穌／約書亞／Joshua）。先知瑪拉基幫這位到來的彌賽亞取了個非常特別的名字：正義的太陽。「但為你們這些敬畏我名號的人，正義的太陽將要升起，在其羽翼的光芒照射下普施救恩；你們必將出來，如在飼料邊的牛犢般雀躍。」（〈瑪拉基書〉第4章第2節）

耶穌／約書亞——正義的太陽——治癒了岳母，岳母起來（太陽則停住不動）服侍耶穌／約書亞。很簡單吧？才不呢！

還是得回到伽利略：但是，地球卻在轉。對，是地球繞著太陽轉，而不是太陽圍著地球轉。太陽之所以會給人一種停止了的印象，根據我們的科學知識，並不是太陽不動，不動的是——地球！也就是說這段《聖經》經文表達得不恰當，經文中所謂的日頭運行，其實應該是地球在繞著太陽公轉（略多於三百六十五天），甚至是地球的自轉（二十四小時）。無論是哪個情況，太陽都沒動，可是太陽的衛星——地球——卻在繞著它轉。

至於約書亞的「太陽」或許不是每天東升西沉的那個「太陽」（又是一個不合適的表達方式），而是正義的太陽——是上帝派去支援約書亞軍隊作戰的使者。而那一整個長日，或許不是二十四小時的一日，而是《聖經》中所謂的永恆的一日——上帝顯現其神能的決定性的一日——好比說，征服敵人或治癒熱病！

日影倒退跟日頭停留一樣都很難以服眾，但是就科學上而言，日晷往後退十度卻符合亞哈斯樓梯上倒退十個台階。我們可以說日影移動有多神奇、有多魔幻或有多了不得，但不一定就非得「搭上時光機」，跟上古人的奇思異想，就認為太陽一定有倒退，或者地球有跑到太陽後面去。其實這裡僅涉及一個局部現象，範圍甚至很微小，就僅限於台階上有日影，跟太陽或是遮住了太陽的雲朵並沒有直接關係。要是讀者諸君認為〈列王記下〉沒有寫得很清楚，那麼先知〈以賽亞書〉中以不同方式所記載的同一樁事，就很詳細地指出了當時真的是太陽在移動：「以賽亞對西希家王說：『耶和華必會成就祂所說的，這就是祂給你的兆頭，好叫你放心：太陽本來照在亞哈斯的樓梯上，現在則會出現日影。好，耶和華必讓太陽再上十階！』太陽果然又照上了原本被日影遮住了

的樓梯的十個台階上。」(〈以賽亞書〉第38章第7節)

就為了給一位任性國王一個兆頭，害得我們到現在都沒能解開這個超自然現象的謎團……於是乎，這又成了個未解之謎，實所謂「凡有日影者，必啟人疑竇也」！

①這段作者所摘錄的版本與一般通譯版本稍有出入，翻譯從本書作者。

②此處的「樓梯」,《聖經》新譯本（NIV）與和合本則作「日晷」。故此處的「倒退十階」，也有版本作「倒退十度」。

③源自日文，指因海底地震或火山爆發所引起的海嘯。

11 逝者已矣，願亡者安息！

掃羅原本是個禁止國人通靈與招魂的國王。他最仰仗的顧問先知撒母耳過世已經很久了。有一天，掃羅王隔日要跟非利士人開戰，他很擔心未來，於是便命靈媒招回撒母耳的魂魄，好聽聽他對戰事的建議。撒母耳果真出現了，但卻很生氣，責備掃羅為什麼要打擾他！撒母耳邊轉身離去，邊告訴掃羅王，說他隔天必死無疑，他和他所有的兒子都不能倖免！而且真的應驗了！（請參閱〈撒母耳記上〉第 28 章）

縱使目前社會已相當進化，知識上已超越祖先怪力亂神的信仰，而為理性主義、唯物主義、諾斯底主義①所取代，但我們不得不承認自己也會為光怪陸離、神祕玄奧、詭譎異相等現象而著迷。因而，鬼魂、吸血鬼、死而復生者、木乃伊、蛇神等等，才會常常縈繞於我們的想像之中，干擾你我心智。

究竟是什麼提供了人們會去信仰這些異端的養分呢？那就是疾病、浩劫和自然死亡。

求助於亡者

死亡令人恐懼，讓我們想起自己是那般不堪一擊，生命有如曇花一現。死亡也令我們感到苦惱，因為我們不知道「另一個世界裡」有些什麼。在那未知的空間中，什麼都可能發生，從虛無飄渺到永恆幸福，中間還得通過毀滅、煉獄、評斷和救贖，以及其他試煉。

由於「生」令人感到愉悅，所以「死」就很弔詭地令人感到困擾。尤其是，如果亡者接近活人，在生前的住所出沒，讓那些尚留在人世間的人稍感不寒而慄……

陰靈鬼魂似乎「活」在有形與無形世界的邊緣，有時還想跟活人交流，試著以各種方法去影響生者，有時甚至會想報復！這些靈魂可能具有惡意、想害人、會對人類施以法術，會惡整人類，造成恐慌。

大部分的宗教中，亡者都益發受到尊敬與崇拜，因為生者怕看到亡者回來，去完成他們生前未盡之職志。全球各式各樣的殯葬儀式都證明了對亡者的崇敬，一方面為了減輕生者傷痛，同時也為了讓亡靈安息；在世者最擔心的與最重視的就是亡者的詛咒。所以做些獻祭儀式去滿足亡靈（如果真的存在的話）是很值得的，有時甚至會流於荒謬。

這一段《聖經》所敘述的是個駭人聽聞的故事。掃羅王面對強而有力的敵人和一場迫在眉睫的戰爭，想知道未來會如何。他問過上帝，但上帝沉默不語。於是，便轉向巫婆（靈媒）去召喚死者亡魂。招魂是種玄奧之術，進行期間可以召喚亡靈去對未來某些事情提出建議。

這則故事令人難以招架，因為一方面，「上帝之法」（《摩西五經》）中明令禁止行巫術，另一方面，當年就連掃羅他自己也都嚴厲禁止國內進行任何神祕幻術。何況，通靈結果竟然還非常成功！沒錯，掃羅想要過世已久的先知撒母耳給他建議，靈媒果然把他給招了出來。

這段令人嘖嘖稱奇的經文收於〈撒母耳記上〉第二十八章中，該段經文一上來就提醒讀者：撒母耳已經死了好多年。緊接著又是第二個提醒：「掃羅禁止國人行使招魂或通靈等巫術。」可是，這段《聖經》的作者卻準備讓讀者經歷一場嚴重自相矛盾的讀經經驗。

掃羅王面臨一場敵多我寡的戰事，他等著上帝指示，盼望著上帝助他一臂之力。一想到得上戰場，他就非常恐慌，於是便尋求神的支持。可是長久以來上帝都不站在他這邊，上帝的沉默令他不堪忍受，只得另謀出路，尋求其他援助！他決定去問前先知，可是當時撒母耳已死，他不假思索便召來了靈媒（字面意義就是通靈與占卜的巫婆）好跟撒母耳問話。這個請求很明顯地違反了他自己下的禁令，但六神無主的他一時也沒別的辦法……何況上帝好像根本都無視於他了！

當國王問侍臣是否知道有能力可以「招亡者上來」的人的時候，諸臣毫不猶豫就告訴了他一個地址。即使上帝禁止子民去從事諸如此類的奇幻玄祕之情事，而且甚至就連掃羅本身也三令五申，但找靈媒等行為依然在偷偷摸摸及盡情自在地進行著。

掃羅刻意喬扮一番才去找那位靈媒。直截了當，劈頭便要求她說：「幫我施個法術。」我們在此又看到了《聖經》前幾章中所提到的「裝神弄鬼」。

那名婦女，由於禁令，所以行事很小心，提醒她那神祕的客戶，如果她依了他，那麼就會違反國王禁令。沒有問題，那個喬裝的男人回道：「我以上帝的性命發誓，妳絕對不會招惹上麻煩」。這段經文真反諷，掃羅竟然以上帝起誓，以再也不回應他請求的那位神明起誓！我們剛剛不是說了，這段經文中有好些地方很弔詭嗎？！

鬼……真的來了！

應神祕訪客要求，靈媒「招撒母耳上來」。這種寫法其實暗喻著猶太傳統想法，因為在地底深淵中收留亡者的地方被稱為 *shéol*（陰間），所以才需要把撒母耳從地底給「招上來」。靈媒一認了出來鬼是誰，也隨之明白了來客是誰——不是別人，正是一國之君掃羅。這下子該輪到她驚慌失措。但是掃羅安撫她，要她跟他解釋都看到了些什麼。掃羅會這麼問，似乎證明了只有那名婦女才看得到鬼魂。「王對她說：『別怕！妳看到了什麼？』婦人對掃羅說：『我看到了有神從地底上來。』掃羅問她：『他生做什麼樣子？』婦人回答：『上來的是個老人，身穿長衣。』掃羅認出是撒母耳沒錯，於是便屈身，臉貼著地面，拜倒在地。」

那名婦女口中的神，暗喻是厄羅音，是上帝本尊來了。依上下文看來，她的確提到一個超自然人物。應掃羅要求，她所做的描述精確得夠喚醒王的記憶。的確，掃羅最後一次看見尚在人世的撒母耳時，他的樣子就是個身著長衣的老翁。掃羅憶起這點來，當下震驚非常，乃至於整個人趴到地上。以下便是這兩個男人間的終極相會經過：

「撒母耳對掃羅說：『我不會回來跟你一起；因為你厭棄耶和華的喻令，耶和華也厭棄你作掌管以色列子民的王。』說畢，撒母耳轉身便要離去，掃羅扯住他外袍的衣襟，衣襟就撕斷了。撒母耳對他說：『耶和華今日使以色列國與你斷絕，將這國賜與你身邊有位比你更好之人。』」（〈撒母耳記上〉第 15 章，第 26-28 節）

只見掃羅在靈媒那兒，俯拜在地，卻聽到鬼魂撒母耳的聲音帶著怒氣：

「撒母耳對掃羅說：『你為什麼打擾我、把我招上來呢？』掃羅回道：『我身陷困境：非利士人向我求戰，上帝又遠離了我；祂再也既不透過先知，也不透過托夢來回應我。我招你上來，就是請你告訴我，我該怎麼辦？』撒母耳說：『為什麼問我？因為耶和華已離棄了你，與你為敵？耶和華依照祂透過我說的話去做了。耶和華，今日耶和華已經對你這麼做了，而且耶和華甚至會將你與以色列都送到非利士人的雙手中。明日，你和你的兒子們會跟我在一起，耶和華必將以色列軍兵交到非利士人手中。』」（〈撒母耳記上〉第28章第15-19節）

掃羅想知道未來會如何，這會兒，他知道了！搞不好當下他會突然寧願不知道！

掃羅想知道未來，幽靈也對他揭露了。可是，先知—幽靈卻只有確認些他本身於好些年前就已經說過的話。消息毫無新意；但卻更為確定會滅亡。

這則故事在此就是為了證實先知說的話應驗了，的確，隔天，以色列就被非利士人打敗，掃羅和兒子們均戰死沙場。

本來招魂這種事就已經夠困惑人了，沒想到竟還真的行得通，而且通靈這幕又特寫了兩個《聖經》人物，所以才分外令〈撒母耳記〉的讀者無言以對。

《聖經》一方面禁止故弄玄虛與靈媒通靈之說，一方面上帝好像又允許亡故的先知從陰間回到人間來回應以色列王的請求！

幽魂在此！

上帝的禁令非常精確。回顧一下其中一段表達得最清楚的經文會很有用，這段經文顯示上帝對行玄祕之術者毫不留情：「進入耶和華你的上帝所賜之地，不要仿效異族做那些可憎的事。在你家中，不容許任何人使自己的兒女過火，也不可故弄玄虛，諸如占卜、行妖術或幻術、唸咒，不可找人通靈、算命，不可過陰。凡行這些事的人，都為耶和華所憎惡。」(〈申命記〉第 18 章第 9-12 節）

《聖經》既然禁止做這些事，等於間接承認無形世界充滿了或多或少不好的靈魂。天使、邪魔、幽靈、鬼魂……有《聖經》幫他們背書。

人類學家、人種學家、宗教史學家證實所有對靈魂的信仰都行之久遠：泛靈論與異教論便是最好的證明。此外，許多病症似乎都是被這股可怕的隱形力量附身所致。再加上，亡者經常會「托夢」給生者，更促使了死去的人是以靈魂形式存在的想法。此外還有些很難以解釋的現象，可會讓人聯想到人、物件、動物和植物等都被超能力附身、遙控。於是，無形世界的靈魂、邪魔、幽靈就會越來越多……從而有了拜物主義者認為某些慣用物件具有神奇力量；崇拜圖騰者則把動物當成保護神，因為牠們隸屬於祖靈；薩滿教②則覺得崇拜大自然是很理所當然的，因為是靈魂賦予大自然生命的。甚至連擬態（模仿性）都是種確認被「附身」的方法！

隨著宗教漸漸有了組織，建構了起來，或多或少都將諸教合併成為一個統一的多神教，從而得到庶民普遍的信仰。此外，還有一神教相信所有靈魂都是從唯一的一個——甚至就是上帝——所釋放出來的。因而以色列的神才成了 *El Sahddaï*，「全能的上帝」之意，所有自然、超自然及宇宙的力量都匯集於祂一身。

為了能發揚光大一神論的單一信仰，《聖經》（也就是說上帝本身）禁絕其他信仰。但是，一神教從未能全然去除人類發自內心的泛靈論，也沒法禁絕人類去相信異象，姑不論這是否涉及了神祕主義或迷信。

我們可以在〈福音書〉中找到其中一個令人驚訝、帶有這些影子的例子。耶穌的門徒在一條小船上，正在過湖③，耶穌前來……在水面行走……加入他們。當時眾門徒必是目瞪口呆，甚至連耶穌讓他們對這些非凡神妙的事情習以為常後，他們的反應還是很有意思的：「門徒看見耶穌在水面行走，嚇得半死，說：『是個鬼怪！』因為害怕，就喊叫了起來。」（〈馬太福音〉第 14 章第 26 節）這下好了，耶穌被他們列入鬼怪的級別了！

迷信在日常生活中依然持續著，正因如此，所以一神教（猶太教、基督教、回教）最後才不再否認有靈魂，還進而善加利用，將靈魂混入自己的教義中——目的在於教化——好讓經常都是唆使行惡的各種力量與神力並存，神力得與邪力戰鬥，方能彰顯真正信念。靈魂所扮演的角色被接受，但很自然地也受到束縛、限制，邪終究無法勝正，方能彰顯上帝神能。

科學方面則既無法證明也無法否認靈魂存在，因為在此一領域中是沒辦法保持純理性的，理性因而變得沒什麼效果，還會違背自己意願。這個領域中的理性是取決於信念的，信念既可能是延續自祖先（也就是說過去了），或者是很幼稚的（也就是說臨時起意的），要不就是很單純的（天真，很容易被別人牽著鼻子走）……然而我們得承認精神分析家所謂的「他我」（surmoi）——不會客觀存在，卻絕對具有效應——的確擁有一股專屬力量（會製造某些不正當的行徑、醞釀做出違禁的行為、引發洩密的口筆誤……）。「他我」有種近似於獸性的地位。此外，對哲學家而言，靈魂是可能存在的，因為就概念上，這並無矛盾。

可是究竟這些靈魂可能是誰呢？天使？魔鬼？我們自己的投射？不自覺的建構？凡此種種，《聖經》都有提到，我們在本書中也看過好些例子了。

在三大一神論的宗教中，所有存在者都是上帝創造的，上帝就是聖靈。《聖經》開宗明義就說得很清楚：「太初，上帝創造天地。大地一片混沌（*tohu-bohu*），空無一物；上帝的靈在大水之上盤旋。」

在大多數的宗教傳統中，有形的現實是從聖靈裡生出來的，但這現實不僅僅是物質性的；也有些現實是無形的、精神的，我們這裡提到的那些「存在的東西」便隸屬於此類。

魔鬼也存在於三大一神論宗教中，所有其他宗教裡亦然。魔鬼是負面的靈魂，有害人類，不循規蹈矩，不遵從神的律法。跨越自己，就是得救、就是解放、到達巔峰、臻於涅槃、得到永恆的生命。因而，魔鬼有如伊甸園的禁果一般，是很必要的。

園中，不許碰那果子；同樣的，這個世界中到處可見的所有奇幻玄妙、占卜、通靈之術，亦均不允許。

使徒保羅在《新約》中的其中一封書信裡寫到下列情事：「不，我們不是因反對人類而戰，乃是反對那些非常強的力量，那些管轄、掌權的力量。我們必得對抗那些統治幽冥世界的力量，對抗那些居於天際與地面之間的惡靈。」（〈以弗所書〉第 6 章第 12 節）

這下可清楚了！

亡者何在？

凡人皆免不了一死，所以人一直都想探知另個世界究竟怎麼樣，這方面的論說更是百家齊鳴，什麼理論都有。對某些人而言，死後就什麼都沒了，只剩下腐爛敗壞掉的屍體。

對另些人來說，死後另有一個生命。所有宗教都深受此難題困擾，所提出的解答難免都有點似是而非。於是形形色色的概念便見縫插針，不時會趁機探出頭來宣揚己說一番。

《聖經》暗指直到轟轟烈烈的復活訊號響起之前，亡者都是沉睡著的。所以，就會有審判與區隔：一邊是善的，另一邊是惡的。善的永遠都會受到禮讚（回到最初狀態：那座淫慾逸樂的園子）；惡的會被扔進無邊無際的火海。亡者在等待審判期間，是在深淵裡面、在陰間（*shéol*），不該受到打擾。

基督徒宗教又根據種種解釋，在這個流於草率且毫不完美的概述上添加了些元素，所以才又多了煉獄去彌補上面敘述的不足。此煉獄雖讓但丁寫下好些美好的篇章，但《聖經》卻未對火煉獄大作文章。

《聖經》對亡者所能施加在活人身上的力量並沒多著墨些什麼；也沒有提到活人對死人會擁有什麼力量。為亡靈祈禱並非源於《聖經》！

我們前面雖然提過有關亡者的情形，但依然不夠清楚，尤其很不可靠。的確，某些《聖經》經文好像也頗質疑亡者從沉睡到最後復活前的這個階段。因而，當耶穌被釘在十字架上，奄奄一息，另有兩名強盜也同被釘在十字架上，其中一名請求耶穌到了自己的王國時，可別忘了他，耶穌立即答覆他說：「我實在告訴你，今日你會跟我一起上天堂④。」（〈路加福音〉第23章第43節）

耶穌口中的「今日」是指馬上，而非長時間的等待。那麼說，亡者（信徒）可以不經過陰間而直接上天堂嗎？對某些神學家來說，耶穌說的那番話是無可爭議的，也就是說一旦肉身死了，靈魂可以飄往上帝的國度。但是——因為每次最起碼都會有一個「但書」——但是，因為希臘經文（《新約聖經》的語言）沒有標點符號，因此有可能聽到耶穌說的話是這樣的：我實在告訴你，今日，你會跟我一起上天堂。這裡的「今日」是指耶穌今日作此預言，而非指今日就可以完成、就可以上天堂！

從耶穌在十字架上的這段話，我們發現了在撒母耳鬼魂對驚慌失措的掃羅王的恐怖回答中，一個幾乎被隱藏住了的細節。這段話可以解決我們的疑問。先回顧一下：掃羅王想知道未來，撒母耳提醒他說不會有未來，因為上帝已經離棄他，奪走了他的力量（你的王國會像這件長衣般被撕毀），另有他人會繼承大位，但不是掃羅的兒子（此外撒母耳還在人世時就私下很精確地預言出了大衛會是未來的國王）。於是，那位先知—幽靈就很快解釋了一下：「明日你會被非利士人打敗，你和兒子們都難逃一死！」

這真是個恐怖的消息。但是，可以感覺得出來掃羅對上帝又重新謙卑了起來，又重新有了虔敬與後悔之意。但這個最終的轉換似乎不足以引起上帝的注意，對心力交瘁的掃羅王的禱告，依然沉默以對。

但是，倘若我們看得更仔細些，撒母耳的答覆還揭露了直接影響掃羅未來的第二點。且讓我們再回到經文上：「耶和華會將你與以色列都送到非利士人的雙手中。明日，你和你的兒子們會跟我在一起。」

「明日，你們會跟我一起」跟「今日，你會跟我一起」非常雷同。

據撒母耳的說法，第二天悲慘的死亡並不意味著一切就都結束了。除了死亡外，還另有他事：「跟我一起！」似乎是撒母耳代替上帝對掃羅和他兒子們的承諾。釘在十字架上的強盜受到耶穌寬恕，從而在上帝的兒子——基督——身旁得到了保障；所以掃羅有可能在臨終前也得到同樣的寬恕。

倘若果真如此，那——上帝為什麼寬恕掃羅呢？這——又成了個難解之謎了。

①Le gnosticisme，或稱為「靈知派」、「神哲派」。Gnosis，「靈知」或譯「真知」，在希臘原文中指透過個人經驗所獲得的一種知識或意識。諾斯底主義者相信透過這種超凡的經驗，可以脫離無知與現世。

②Le chamanisme，亦作 le shamanisme。以據說能治病並通鬼神的薩滿（Shaman）為中心的宗教。

③通譯本多做「海」，但作者在此寫「湖」。

④作者此處引述的經文中為大寫（le Paradis），故譯為「天堂」，有別於一般通譯版本譯為「樂園」的小寫（le paradis）。

12 拔示巴是個工於心計的女人嗎？

大衛王從宮殿往外看，看到城中好幾座宅邸的園子。其中一座園子裡有名少婦正在沐浴，容貌甚美，全身赤裸。大衛被這名美女迷住了，遂將那個女人拔示巴納為情婦。二人尚未成婚，拔示巴就懷上了大衛的孩子，大衛想盡辦法除掉她的丈夫。後來，雖然大衛王已有好幾個可以繼承王位的皇子，拔示巴依然處心積慮要親生子登基繼承，便到奄奄一息的大衛王床前糾纏不休。（請參閱〈撒母耳記下〉第 11 章）

《聖經》不是專說些以宇宙為主的故事而已，也不光會譴責神祕主義，也不是一味利用災難教化人心，也沒有專以神學、精神分析或數字密碼為重心而已；《聖經》也提到家庭、支族，甚至也會寫到跟天下所有愛情故事一樣的愛情故事，只不過這些愛情故事大多都不單純。

如果有必要的話，咱們可以換一下心境，來談談別的，因為《舊約》也有講述到荒誕奇特的英雄事蹟，姑且讓我們在此稍事停留，一窺英勇神武的大衛王最可歌可泣的情愛生活吧。

耶路撒冷的戀人

甚至連沒接受過基督教義和非基督徒都聽過大衛和拔示巴的故事。這兩個戀人間天雷勾動地火的關係，不僅是一對知名年輕愛侶的長篇愛情紀事而已，也是一連串浩劫與數起死亡事件的起源，其中包括了一項計畫周密的謀殺。詩情畫意般的溫柔愛情在接下來的好幾年中，嚴重影響到那對夫婦及大衛的皇室，導致爭奪王位不休，大衛王的諸位嬪妃所生的皇子為了爭奪王位不惜兄弟鬩牆，反目成仇。由於最後拔示巴的兒子所羅門之所以勝出，乃是因為母親拔示巴強迫臨終的父親大衛方才榮登九五。於是我們不禁自問：莫非從第一眼開始，那名美女腦中就打著什麼如意算盤？很明顯就是心懷不軌，而那位野心勃勃的美女投機家也該受到譴責。

從頭到尾，大衛和拔示巴兩人間的愛情冒險都像極了一連串的卑鄙操弄，種種蜚短流長更是在深宮內院中暗自流傳著，成了最佳的八卦話題。但那對戀人並沒一直都是廚房耳語的主角，上帝的先知就曾突然從後台跳出來過，讓他倆的姦情醜聞無所遁形。

一切都始於一個美好的夏夜。話說大衛王在宮中，無法成眠。其實他大可召來其中一位妻子，寵幸某位嬪妃，但他寧願到露台上去透透氣。大衛俯瞰都城，對城中的熱鬧景象好不憧憬。瞧！他選的都城可不是很美麗嗎？或許他又想到了他這一路走來，歷經多番爭戰，終於建立了安全的邊境防線，穩固了江山，往事歷歷在目……如今，他的軍隊保家衛民，他也成了以色列的一國之君。但是即將擾亂他一池春水的那位佳人就在那兒，就在下方，正在一座宅邸的內院沐浴著呢！她是那麼的美，大衛當下就想擁有她，是以差人要她進宮。那位絕色美女就是拔示巴，她的已婚身分，本該足以提醒大衛王不可輕舉妄動，因為以色列治理生活及倫理道德的律法是非常嚴厲的，不料她卻欣然接受大衛王的建議。我們當然有權認為：她是不是有預謀地去挑起國王的慾望？在大衛露台的視野——男人看女人——所及的範圍內全裸出浴，難道沒有挑逗之嫌？

兩個戀人恩愛纏綿了好幾週，甚至好幾月。似乎無人膽敢對這份出軌的感情提出異議，無人膽敢對兩人通姦一事予以置喙。國王享有某些特權嘛！有一天，拔示巴告訴大衛說她懷了他的孩子。從那一刻起，這個純潔的愛情故事就變了質，成了貨真價實的大麻煩。眼看拔示巴的腹部漸漸隆起，醜事再也遮掩不了，紙是包不住火的。由於拔示巴已婚，而且她的丈夫烏利亞長年征戰在外；甚至就是國王軍隊中的一員，駐防在邊境，再加上他已經有好長一段時間都未返家，所以絕不可能是孩子的爹。這孩子絕不可能是烏利亞的骨肉！大衛心生一計：得召回烏利亞。於是便找了個藉口，召回那名戴了綠帽的丈夫，藉著回到耶路撒冷家中，作丈夫的自然會與妻子相好，在重回戰場之前，會愛她、疼她。事後，待他獲悉妻子懷孕的消息，便會欣然接受那是上次他回都城，短暫停留後的愛的紀念品。簡單的劇情，卻解決了大衛的麻煩。幾乎解決了！為什麼說「幾乎」呢？因為好不容易找了個藉口，召烏利亞回來，烏利亞的行為卻大出大衛意料之外。與其回到離宮殿才幾百公尺的家中，烏利亞卻寧願留在軍隊。第二天，有人稟報國王，大衛一聽大驚失色，遂留下烏利亞用餐，力勸狂喝爛飲。很顯然，大衛希望戰士在爛醉之下，最後終於會回到拔示巴身邊去，就算接下來什麼都沒發生，也可以故意搪塞過去，硬栽在烏利亞頭上，反正烏利亞根本記不得他都做了些什麼，或沒做什麼！他只記得自己醉得不醒人事！

不過有一點可以確定的，那就是烏利亞這位先生還真的有點怪怪的，竟然寧願跟宮中的臭侍衛待在一起（因而他就有了「不在場證明」……），而不回家找美嬌娘。

從那一刻起，大衛便決定要擺脫這個人，以免夜長夢多，哪天烏利亞起了疑心，豈不壞了大衛王使盡全力才好不容易賴掉的懷孕生子一事。

預謀殺人

烏利亞帶回一封大衛親手寫的私函給上級約押。下面就是那封令人不齒、臭名昭著、懦弱無能的信件內容：「派烏利亞到戰事最慘烈的前線去，爾等隨後悄悄撤兵，讓他受敵軍攻擊而死。」（〈撒母耳記下〉第 11 章第 15 節）

壞心腸的約押，確實執行了國王的命令，烏利亞因而喪命，因為白紙黑字寫的就是命他把烏利亞給搞死。

《聖經》的讀者都知道大衛乃一偉大明君，而且還是個非常有擔當的好人，不知名的作者還將許多讚美大衛的詩詞歌賦都匯集在《舊約．詩篇》裡。但是，像他這麼一個如此虔誠、信仰如此狂熱的人，怎麼會明知故犯？怎麼會設計出如此小心謹慎又佈局縝密的謊言與謀殺呢？並且，就《聖經》的邏輯看，上帝怎麼會任他胡作非為呢？

針對最後這個問題，我們看到到目前為止都沉默不語的先知拿單終於沉不住氣了。他衝入宮中，嚴厲斥責國王，大衛當場羞愧難當。可是我們也得回答另一個問題：「怎麼會有人做出這麼可怕的事？竟然讓無辜的人硬生生去送死？」最簡單的論據當然就是烏利亞很礙事。但，會不會另有他因？會不會是大衛為了掩飾自己曾經間接是無辜受害者，所以這次才痛下毒手的呢？

我們可以很簡單地回答說，一個人的心得夠毒辣才有辦法設下這麼狠的局，因為他得設法保障自己的利益和名聲；這麼回答幾乎很令人滿意。但有一點——或許這才是真正的答案——大衛的過去才是這次馬基維利①陰謀的起源。大衛當時會有這種謎樣的行為，的確是一種回響：他本身在幾十年前就受過同樣威脅而遭到迫害。

想當年大衛初次看到當時的國王掃羅時，他還只是個帥氣、有活力的小夥子。掃羅是以色列開國以來的首位君王，而且打敗了可怕的敵人非利士人。有一次，非利士軍隊中最驍勇善戰的冠軍勇士向以色列最佳戰士提出挑戰；優勝者當然就等於戰勝了所有敵對一方的軍隊。但是，非利士的冠軍不是別人，正是那無人不知、無人不曉的巨人歌利亞。沒人敢接下這個可怕戰士下的戰書，除了大衛。最後大衛靠著彈弓制伏了大巨人。

那是次光榮美好的勝利，優勝者應當有權得到獎賞，掃羅王曾經許諾，誰敢接受歌利亞挑戰，而且打敗他，就可以得到豐厚的禮物。但國王萬萬沒料到大衛打敗巨人這個事實會引起那麼大的轟動。沒錯，打敗歌利亞的只是個年輕的牧羊人而已，竟然贏的那麼漂亮，讓以色列全國分享了前所未有的榮耀，人民（尤其是婦女）對大衛讚譽有佳，也因國王竟然不敢接下大巨人挑戰而頗感不屑，虧他還是一國之君！這段《聖經》經文說得很清楚：以色列全軍及全國大統帥都很怕非利士人，尤其怕歌利亞。

掃羅很快就明白了人民不再愛戴他，王位也動搖，大衛恐怕會因而得利。

大衛要求領取獎賞，其中有一項就是國王的親生女兒，掃羅揣度思量，認為這將更加危及他的寶座：要是大衛成為他的女婿，無疑是引狼入室，將他帶進權力中心，將會更加激勵他成為野心份子，會有損及掃羅本家的危險。

大衛成了最受全國愛戴的人物，國王下令他帶軍隊出征，總是百戰百勝，每次凱旋歸來，都會受到人民熱烈歡迎。掃羅決心要除掉這個心頭大患，心生借刀殺人之計：可藉非利士國王除去大衛這個眼中釘。掃羅要大衛當他的乘龍快婿，可是大衛自己覺得高攀不起。國王對他說，倘若大衛想配得上公主，那麼他就得再完成一項新任務，他要大衛帶回來「一百個非利士人的包皮」。

這奇怪的聘禮好像讓我們覺得很怪異、難堪，甚至無法接受。殊不知，古代某些部落切開被殺死的敵人的生殖器是很常見的。割下包皮比印第安人割下頭皮來得還更羞辱敵方。掃羅要求一百個非利士人的包皮時（當然是指生殖部位，這才最合乎邏輯），也就等於羞辱了沒受過割禮的人。沒錯，在《聖經》中，有時會視異教徒或狂熱份子乃未行割禮之人，算是種奇恥大辱。

掃羅打的如意算盤是：大衛不會從這個不可能的任務中活著回來，會因這個瘋狂的收割包皮使命丟了性命。

大衛接下了挑戰。沒料到，他倒真的帶著「一百個非利士人的包皮」而歸。不過，他當然不是一個人去展開收割的，麾下的戰士也加入了行列。掃羅只好不甘不願地把其中一個女兒米拉下嫁大衛。

後來掃羅又試過好多次想親自除掉大衛，但後者洪福齊天，每次都得以脫身。不過，我們不得不說一句，大衛有軍隊的支持，掃羅兒子約拿單的友誼，還有掃羅女兒米拉的愛——人生在世，有時候沒辦法像他那麼裝備齊全！

掃羅的詭計雖未能得逞，但極有可能在青年大衛的心中留下了烙印。就算大衛設法想忘了岳父大人可恥的意圖，但那些遺忘卻已暗藏記憶深處，總有一天，會一股腦兒地全都浮出表面。

許多年後，大衛發現自己處於跟國王一樣的處境，身邊也有個礙事的傢伙，便又重新回想起了自己曾是受害者的經驗。於是他把掃羅的老方法派上用場，但加以改良。沒錯，掃羅為了消滅他，曾把他送到戰事最吃緊的前線戰場上去，但大衛從那裡生還了（多虧了他麾下的戰士），大衛怕舊事重演，壞了大計，故而讓烏利亞獨自面對敵軍。還特別叮嚀：「爾等隨後悄悄撤兵。」

那位曾經出軍去割一百張包皮的年輕人大衛有可能對掃羅心生怨懟，後者自以為大衛會一去不回。但別忘了，受虐兒童往往會成為施暴父母，大衛將其受害者經驗重新複製了一番，實現在烏利亞的身上。他做這件事的方式是極不自覺的，因為當先知拿單進了宮，斥責他的行為時，大衛似乎突然張開了眼睛，發現自己的所作所為，深感羞慚，但為時已晚矣。

好啦，這就是為什麼一位值得尊敬的上帝崇拜者竟然會任由自己去做出應受嚴責和令人不齒的行為的經過！大衛可能需要去看精神科醫生！

繼位之爭

拔示巴生下來的兒子十幾天後就夭折了。大衛很明白自己與拔示巴的姦情不啻為犯下滔天大錯，已經過世了的烏利亞永遠也不會原諒他。幸虧大衛悔悟，方得以保住他的皇冠，因為甚至連先知拿單都曾奉上帝之名去威脅他會江山不保。不過還是有好些懲罰降到大衛頭上：首先就是孩子的死亡；接著又因遭到上帝拒絕，令他痛苦難當。沒錯，因為耶路撒冷沒有上帝的神殿，所以大衛希望能幫上帝興建座新的，但是先知告訴他：「你雙手滿滿都是無辜之人的血（烏利亞的），因此，上帝不接受你為祂建造殿宇。」②這就是大衛遭到的第二個懲罰。大衛和拔示巴後來又生了一個兒子，取名為所羅門，他將繼承大衛統治全國，但按理說，王位本來不該歸他的。對，因為在所羅門之前，大衛還有好幾個與不同嬪妃所生的王子，他們都擁有繼承王位的「優先權」。但是，這些王子的生活卻將從此不得安寧。

其中一個想爭奪王位的就是押沙龍，害大衛吃了不少苦頭。

押沙龍有一個親妹妹塔瑪和同父異母的哥哥暗嫩，暗嫩瘋狂地愛上了同父異母的妹妹塔瑪。暗嫩為愛所苦，生起病來了，於是打算乾脆稱說自己身染重病，要塔瑪照顧。塔瑪就是這樣才照顧起同父異母的兄長暗嫩，卻對這個心懷鬼胎的男孩不疑有他。暗嫩再也忍受不了，終於強暴了塔瑪，達到目的後，又開始厭倦受他欺負的塔瑪了！塔瑪在倍受凌辱之下，躲了起來，並打算把她所遭受的可憎遭遇深藏心中。但她的親哥哥押沙龍猜出發生了什麼事，向妹妹保證一定會替她報仇。

兩年後，押沙龍在家裡辦了個宴會，邀請諸位同父異母兄弟前去，其實只是個讓暗嫩落到他手中的藉口。後者萬萬沒想到押沙龍竟然別有用心。隨著晚會的進行，大部分的賓客也都喝得醉醺醺的，押沙龍便差人殺了暗嫩，為妹妹塔瑪的名譽報了仇。除了完成他對塔瑪的許諾外，押沙龍也因而除掉了大衛的嫡長子暗嫩，也就是王位的第一順位繼承人。

過了五年多，因為謀殺暗嫩而被逐出宮外的押沙龍決定篡位。眼見他父王大衛年老體衰，該輪到有能力的男子漢治理國家了。押沙龍自認便是治國的最佳人選，於是便暗自在以色列的文化重鎮希伯崙（有點像蘭姆斯之於法蘭西諸王的地位）舉兵謀反，自立為王。

起初大衛對押沙龍讓步，甚至還逃離耶路撒冷，押沙龍則浩浩蕩蕩、風光進駐。但大衛的忠實臣民將押沙龍團團圍住，不屈服於他的謀反篡位，重新武裝，為力保大衛江山而戰。當時情形就是如此，在大衛重新整裝待發的大軍壓境之下，押沙龍被迫逃離。他騎著頭騾子逃命，進到一座森林裡，頭髮被樹枝纏到。以下就是《聖經》關於這位密謀篡位不成的押沙龍不怎麼光采的末日的說法：

「騎到騾子上的押沙龍偶然撞上了大衛的士兵。騾子從大樹密枝下穿過，押沙龍的頭髮被樹枝給纏住，騾子還在繼續往前走，押沙龍則被懸吊於天地之間。一名大衛的士兵看見，就跑去告訴約押（大衛軍隊的頭領）：『我看到押沙龍掛在樹枝上。』約押驚道：『什麼？！你看到他了？為什麼不把他給宰了？讓他當場倒地身亡呢？你若宰了他，我就賞你十枚銀幣和一條腰帶！』可是兵士回約押說：『就算你給我一千枚銀幣，我也不敢加害王子。因為我們全都聽到王囑咐你們，囑咐你、亞比篩還有以太說：千萬注意，不可傷了年輕人押沙龍。就算我稱說什麼都沒聽到，取了他性命，王終究還是會發現我說謊，因為什麼都瞞不住他。至於你嘛，你才不會幫我說情。』約押嚷了出來：『不跟你浪費時間了！』就拿了三根尖棒，刺入被困在樹叢間，但還活著的押沙龍的心臟。」（〈撒母耳記下〉第 18 章）

拔示巴勝利

暗嫩死了！押沙龍死了！在這兩個男人間還夾著大衛的另一個兒子基利押，但《聖經》上除了提到他曾經出生過外，就再也沒有提過他了，似乎就此消失了蹤影。總之，他不屬於爭奪王位的兄弟中的一個。現在該輪到大衛的四子亞多尼雅想搞鬼扳倒垂垂老矣的大衛了。他在某個省鎮的城中自詡為王，諸位皇弟都在場，惟獨沒有邀請拔示巴的兒子所羅門來參加儀典。《聖經》上說亞多尼雅非常俊美（莫非是亞多尼斯③嗎？），他知道所羅門跟先知拿單走得很近，而且拿單並不支持他爭奪王位。

拿單不只跟所羅門很親近，還是他童年時期的家教與恩師。拿單得知亞多尼雅的行動，連忙告知拔示巴，然後兩人就一同前去警告大衛王，目的就在於逼王公開宣布法定繼承人到底是誰。

一手教養所羅門長大的拿單和所羅門的母親拔示巴，兩人共商計策好強迫年老力衰的大衛放手。此時的大衛臥病在床，並不知道因為繼承一事，身邊已經鬧得不可開交。拔示巴與拿單一起求見，相繼在大衛寢宮糾纏，直到大衛讓步，宣佈正式的繼承人不是亞多尼雅而是所羅門為止。只見大衛很莊嚴地對拔示巴說：「是所羅門，是妳兒子將繼我之後登上大位，替我坐上皇位的就是他！」（〈列王記上〉第1章第30節）

大衛會用「是妳兒子……」這種方式宣佈，我們可以感覺得出其實他對拔示巴的權謀操弄心知肚明，就像約押的那名兵士說的，什麼都瞞不住王，或許大衛長久以來一直都知道這個陰謀，一直都知道拔示巴是個工於心計的女人，但他似乎還是接納了這一切。

拔示巴勝利，女人終於心想事成！

所羅門是以色列的明君，在他的領導之下，以色列空前壯大與強盛。所以說，那個選擇最後畢竟是個正確的選擇。

但是，所羅門在父王死後，自己登基之初，一上來做的幾件事之一就是：除掉亞多尼雅！

①Machiavel，義大利思想家，《君王論》（*The Prince*）的作者。「目的能顯示手段之正確」便是他的論述之一。

②可參閱《舊約·歷代誌上》第 22 章第 7 節。

③亞多尼雅（Adonias）與亞多尼斯（Adonis）拼法相近。亞多尼斯為希臘神話中著名的美少年，深受愛神寵愛。

13 《聖經》裡的數字有什麼涵義？（上）

3是上帝的數字；4是創世的數字。上帝＋創世＝7，象徵完美的七日創世。6是代表人的數字，但三個6卻成了絕對的不完美（666跟撒旦有關係）。12（3x4或2x6）是另一種完美，好比說以色列十二支族以及耶穌十二門徒。《聖經》也很喜歡42、1000、144000等數字……這些數字算哪種語言？莫非是種密碼？

我們曾在好幾篇《聖經》經文駐足停留，加以研究、予以解碼，我們也指出過有各類方式可以接近《聖經》，可戴上各式各樣的眼鏡去讀經：單純的閱讀、基本教義派的領悟、各種神學上的解釋、就神話和象徵意義上的研究、精神分析上的解碼、類比或寓言式的詮釋……等等。但是，《聖經》其中一個特徵就是：有時同樣的一篇經文，唯有將幾篇經文合起來一起讀方能理解。《聖經》真是部非常特別的書，箇中想像力宛若取之不盡、用之不竭之泉源，再怎麼深探也不會乾涸：乃一永遠不會被挖掘殆盡的金礦。

好幾十年來，讀經者與專家都十分著重《聖經》的時代背景。因為得確切訂出個時代背景及對該時代的認識，才能理解經文，同時這也是為了避免讀起經來會與人類的事實真相脫節，以免變成好像在看故事而已。

比方說，對《舊約》讀者而言，經文的基本敘事就具有確切意義，因為《舊約》有某特定的歷史年代。對這些讀者來說，《舊約》的象徵性就是他們本身所浸淫的文化內涵，所以他們可以在視經文為敘述又具歷史性的同時，又可以讀出箇中的象徵意義。隨著時光流逝，物轉星移，某些體認不見了，轉而對希臘哲學思潮新模式較為有利。該種哲學驅走了在它之前的所有思維模式，因而讀者本身也戴上了新潮眼鏡去分析「過時了的」經文，但搞不好根本就不該戴那副眼鏡去讀這些經文！

了無新意！

也就是說我們今日得跟不同的讀經方式玩把戲，尤其得接受每種讀經法都是個可能的門道，而非唯一那把開啟謎題的萬能鑰匙。

純就教義角度去讀經，跟只看重經文中的寓言或象徵意味一樣，基本上都會不可避免地撞上某些前後不一致的情況。

何況，每個年代，乃至於各個世代或各個文化都會各有其臨時性參考，而且每個人在某確切的時空中，也都會有把一切都簡化，以符合自己當下意識形態的傾向。二十世紀期間，某些人想利用共產專政、納粹主義、毛思想或資本主義去涵蓋一切，其實不難看出該體系之限制、危險與終究會失敗。

古文化（我們前面稱其為「過時了的」毫無疑問極不適宜）是講究廣泛共享，著重各個文化參數間的共通性。因此，對立的兩者（善／惡；生／死）在這些文化中被看作是種張力、彼此互補與動力。然而在現今這個深受希臘哲學影響的社會中，同樣對立的兩者卻造成必須做出選擇與二分式的想法。過去偉大的作者，尤其是《舊約》的作者，他們會故意提到有形與無形間的關聯，但並沒真將這兩者置於對立地位。在他們筆下，相對的兩者成為賦予萬事萬物活力的基本動力。這些知識領域未受到任何東西劃分。稍晚，這種原本很正常、為人所接受的有形與無形間的關聯被破壞了，因為唯有這樣，光怪陸離的想法才能趁虛而入。

昨日，人們很容易便可在日常生活、夢想、大自然、宇宙，甚至連跟眾神與諸女神之間都可搭起通道；當時的人們對這些一視同仁。今日，理性主義在這個通道上安裝上了塊擱板，只見板子上擺著的瓶子，一個個都給好生貼了標籤、劃分得清清楚楚、區別得明明白白。

但在後現代的氛圍中，新世紀（New Age）之說與廣納多重信仰之傾向都偏往回歸到較為全面性的想法上去。

不僅是電視連續劇喜歡將諸如天使和凡人、亡者與生者等混在一塊兒，你我所處的當代也為此著迷、好奇，從而開始進行新領域的研究——所謂的「新領域」，其實搞不好就是古早時代的那些！實所謂萬變不離其宗啊！

《舊約・傳道書》中說得好：「太陽底下無鮮事。」

數字先於文字

《聖經》認為：上帝以「言」創世，太初是「言」，是邏各斯（*logos*）。但是科學，尤其是哲學卻認為：在邏各斯之前，還有虛構的密所斯（*mythos*）。這就是為什麼我們常會把古老經文視為神話，而非歷史紀事。沒錯，最古老的文學作品常不時描繪神奇的遠航、啟蒙的過程、傳奇的英雄（寓言中），以及把神話或半神話的象徵性英雄事蹟給派上了場等等。

值得注意的是二十世紀又承襲了這股文風，舉凡《納尼亞傳奇》、《魔戒》，甚至《哈利波特》皆然！

可是無庸置疑地，《聖經》並非單純希臘式的密所斯，它還包括了不同記憶，《聖經》還有邏各斯的部分。所以《聖經》前幾章才會利用和結合了好幾種形式，從而成了個原創的混合物。這就是最令理性主義者困擾的地方，他們沒法想像一條會說話的蛇（荒謬至極）竟然會和誘惑、自由裁決、自由等原則同時出現，因為這些原則已經十分先進、甚至可說是出於自治的了。

也就是說《聖經》既具歷史性、有象徵意義、又帶古風、啟發性和覺醒；甚至搞不好還受到每個人想怎麼詮釋它就怎麼詮釋它的意志所左右。

無論是哪一種，帶有多重涵義的《聖經》都可看出有一系列極為明顯的象徵：數字方面。

在有書本之前就有帳本了；數字先於文字。但帳本上的記載多半是商用語言。數字之所以奧祕，不但因為其本身就很豐富，也因為人類想賦予它們一些確切意義。從數字到數目，越來越奧祕，越來越多的謎，而數字相乘，又成了平方（姑不論是否為黃金平方），一種新的數字語言也於焉誕生，又因而衍生出了許多新祕密。

從數字這門科學衍生出了好些別的大致可稱得上是科學的領域：從數字命理學到塔羅牌數字推算法，乃至於卡巴拉（la kabbale）古猶太數字占卜術。數字——是《聖經》上常常會出現的一門科學。

其實，在《聖經》中數字的象徵性比表面所顯示出來的更為廣泛，從而數字也跟不論什麼和任何什麼都扯得上關係。所以我們才更得慎重以待，以免陷入到荒誕異想的詮釋中——即使有時它們很誘惑人，令人按捺不住。

數字這個問題並不單純，而且就慣有的思考模式來說，一開始就透著點古怪。但是，《聖經》既然喜歡數字，就是因為它想藉由數字傳遞、溝通些文字所力有未逮之處。約伯就曾在《舊約》中解釋過上帝傳遞訊息所使用的方式。我們來看看當時約伯是怎麼說的：「然而上帝有時會以一種方式，有時又會以另一種去諭示眾生，但世人卻不注意。」（〈約伯記〉第33章第14節）

要是我們對《聖經》中的數字及數目的語言稍微注意一下，就會助益甚大；倘若忽略了這麼一條線索，無異於斷絕了《聖經》作者想傳達給後世人的訊息通道。

但是，為了能夠好好研究這些數字和數目，得先進到古老的算數方法才行（也就是我們前面暗示過的浸淫於當時的背景氛圍）。

算術之起源本來就是充滿了宗教考量的，這點還跟醫學如出一轍呢！而代數幾何中的數字即方程式、方程式即數字也脫不了此一宗教印記。對猶太人而言，所有存在的一切都隸屬於上帝，造物者上帝除了是涵括世界一切的絕對大師外，也治理著世界的一切（有形與無形皆然），也就是說所有物質與科學律法都歸上帝管轄。唯有到了很久以後，信仰才與科學分道揚鑣，而且各地、各文化都各以不同的方式去將兩者分了家。

若說《聖經》透過邏各斯——創造性的詞語、傳授教義的「言」——開啟了世界歷史，那麼《聖經》從創世起就很強調數字：第一日、第二日、第三日，直到第六日。從那時起，算到第七日的時候，創世的日子就被編了號，而且每個數字都各有意義、涵義、象徵。

為了達到這個目的，還得讓每個字母都帶有某個數字的價值，也就是說，經文中除了字詞本身和作者為何會選擇用那些字詞外，其實這些文字尚帶有另種訊息！

數字概覽

其實數字暗藏的意義是有某種共識存在的，茲概述如下，不過《聖經》中的種種意象並不見得總是那麼容易看得出來。

0：象徵「空」，絕對的空，有序前的混沌。對某些人而言，是蛋的原始形象，蛋裡面則有尚未被定義的存在，甚至非存在。

1：象徵唯一，卓越超群的，第一原則，創造者。是團結、起始、基礎的標誌。是造物主、是領導、是第一人，是將成形的尊卑階層之首，是不容置喙的權威，象徵著起點、萬事萬物的起源與嶄露頭角。

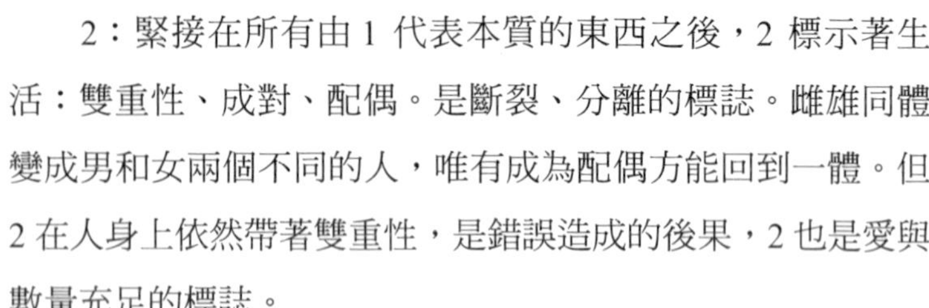

2：緊接在所有由 1 代表本質的東西之後，2 標示著生活：雙重性、成對、配偶。是斷裂、分離的標誌。雌雄同體變成男和女兩個不同的人，唯有成為配偶方能回到一體。但 2 在人身上依然帶著雙重性，是錯誤造成的後果，2 也是愛與數量充足的標誌。

3：與三角形相關，標示著完美與諧調。3 代表著好幾種三一論：天／地／海；身／心／靈；過去／現在／未來。在《聖經》中，3 象徵著神聖的三一論，代表聖父、聖子與聖靈。

4：全宇宙的象徵（創世的第四日，天穹及居於其間的光體成形）。四大方位基點，以及因此而衍生出來的四風，但 4 也是十字路口、是選擇。4 既可是完美，也可是失敗的律動，依情況而定！ 4 也象徵著人類精神領域的各個階段。

5：是個標示著依然有待完成以臻和諧完美的數目。5 標記著將變得飽滿，因為 5 是 10 的一半，而 10 是最重要與最具決定性的階段。

6：是代表人的數字，因為人是於第六日出現的。但也是不完美的數字，因為 7-1=6 ！但 6 也代表有希望的未來：透過其螺旋形式，6 是重新開始的標誌，有時也標示著再生。可是，當三個 6 同時出現，成了 666 的時候，6 就還有另外一個意思：標示著完美的不完美，變成驚駭恐怖！

7：這是個神聖完美的數字（第七日，上帝完成了創世，休息了，而且上帝感到「非常之好」！），7 也是 4（人）和

3（神）加起來的數字。是一整週期之完成與象徵正面新生的數字，無論一週七日，或是七色彩虹，還是音樂的七階都標示著飽滿完善……更加以擴充些的話：天主教教義裡的七大原罪、全球七大奇蹟……還有白雪公主裡的七個小矮人。

8：代表無限大。在數學上，則成了橫躺著的∞，是歷經了七日創世後的重新開始。在某些文化中，8 與繁榮密不可分。

9：這是個冥想和怒放的數字（3x3）；或許也因為 9 是單數中的最後一個數字，所以它也代表完結。

10：有無限多之意，是一個重要的階段。10 經常會變成 1000，甚至 10000，好讓 10 的意義更為普遍、完全、更無止境。

12：這是個標記著人或普遍性想法的數字（12 支派，12 門徒……等等）。12 喚醒了上帝與人（3x4）之間的關係。

〈創世記〉與畢達戈拉斯

原始人類都是用石頭去計數，於是就有了最初的表示法：一顆石頭就成為一點、兩顆石頭就成一線，三顆石頭則成了一個面（三角形），四顆則成四角形。

變成四角形的時候，幾乎都繞了一圈，因為四角形已經算是個完美、自我定出框架、自成一圈的一個範圍了。因而又從四方形衍生出了多邊形的說法。但由於 1+2+3+4=10；因此才又有了希臘人的十進制。而根據希臘數學家畢達戈拉斯（Pythagore）：10 是邊長為 4 的正三角形數①。

第四日，完成了創世。4 以四大方位基點提醒了我們世界已經完成了（尚缺乏生物）。10 也有別的意義，特指統馭指揮；10 可以統治世界與居住於世上的一切。

雖然希臘人以 10 為進位基礎，但 10 卻不是猶太人及閃族文化的計算基礎。沒錯，閃族人的計算基礎是 60 （5x12）進位；我們稍後會再說明。

畢達戈拉斯證明出來的圖形（三角形、四角形、五角形、六角形），也是《聖經》上刻意提到的圖形。

此外，除了質數外，所有數目都屬於級數（乘法、平方、根號……等等）。有級數，就會有關係數：關係數就是必須增添到該級數上的數目，好讓下一個數目會得出級數上應有的值。關係數的演算跟數學一樣也是個很古老的算術邏輯問題，因為涉及了找出連續數目間的邏輯性關聯。

舉個例子：3-6-9-12-15-18-21……

這些連續數字屬於同一級數；那個每次都加到前一個數字 n 上面的關係數（3），就稱為磬折形數（*gnomon*）②。

再舉個五角形的 5 當例子。就象徵性而言，這是個重要的階段，因為接近最高點。對畢達戈拉斯信徒而言，有 5 個分支的星星象徵規矩；對《聖經》而言，則是生命於創世的第五日出現。《聖經》始於《摩西五經》（摩西那五本組成「上帝之法」的經書）；一般也稱之為「五卷」。《舊約》詩歌書也共有五卷③。

《聖經》中的 5 標示著「全部」的一部分（「全部」是 5 x 12）。

《聖經》裡的數目沒有單一解釋，所以才造成我們在解讀時的許多困難，不過，就算這些數目的意義都很容易便可了解，但它們也不會總是象徵同樣的東西。

第三日的破曉時分

我們已經說過了，3 是上帝的數字。3 就像是三角形，每一邊都是「聖三」（或三位一體）中的一個「人」。如果我們拿三角形作為表人類往上帝那方急衝，那麼就會出現下寬上窄的正三角形，所有人類因而在往神的高度提升中。但是我們也會有上寬下窄的倒三角形，象徵上帝僅給一個人的全能與全屬，因為上帝關懷每一個人。這兩個三角形疊在一起，結合起來就成了以上《聖經》的兩大真理，因而形成了以色列的標誌——大衛的六芒星。

《聖經》裡的 3 通常都是時間方面的參考標記，指出會有番特殊際遇：第三日。因此這是個有著特別又果斷行動的時候，尤其是標示著《聖經》裡上帝會出現的時候。

《聖經》中好幾處都提到了「第三日」。例如：約瑟在監獄，幫因故入獄的法老的兩個僕人解夢。最後事情的進展跟約瑟所解的完全一樣：兩人三日後雙雙被放了出去！（〈創世記〉第 40 章第 10 節）

摩西在曠野中時，經過一番神聖的準備，允許人民在

第三日的破曉時分看到上帝。(〈出埃及記〉第 19 章第 14-16 節)

先知何西阿要人民心懷懺悔之意，回到上帝懷抱，並且他預言說上帝必於第三日讓這些人民興起(〈何西阿書〉第 6 章第 2 節)。

《舊約》中被大魚吞噬的謎樣人物約拿，也是在魚肚子裡待了三日，才毫髮無傷地被魚吐出來(〈約拿書〉第 2 章第 1 節)。《舊約》花了很多筆墨去描寫約拿在魚腹中待了三日，但在《新約》中，三日則又像先知顯神蹟般，預言耶穌的死亡與復活會相隔三日。

「一些經師和法利賽人(宗教專家)禱告，並對耶穌說:『夫子，我們希望你能顯個神蹟給我們看。』耶穌答道:『邪惡淫亂的世代求看神蹟，但唯有顯了先知約拿的神蹟給他們看而已。因此，有如約拿曾在大魚腹中三日三夜一般，人子(耶穌的自稱)也要在地裡頭三日三夜。』」(〈馬太福音〉第 12 章第 38-40 節)。

耶穌引用約拿的經歷說明祂在墳墓中三日三夜，且要從死裡復活。耶穌缺席(死去)的那三日又是個合乎福音的神蹟。

耶穌十二歲時，發生了一件引起我們興趣的事(別忘了 12=3x4 的象徵)。耶穌跟父母去耶路撒冷，但是，耶穌卻不見了，父母擔心得不得了，到處尋找那個小男生，三日後終於找到了！

耶穌，第三日會死而復活。祂預告過門徒好多次自己的生命就要結束了。在此就只舉一個出自於〈馬可福音〉第 9 章第 31 節的例子：「耶穌教訓門徒道：『人子會被交到人的手裡；為人所殺。死後三日，就會復活。』」

耶穌以一種較為神祕的方式，在耶路撒冷神殿遭到破壞的同時宣佈了這則預言。耶穌在盛怒之下，趕走神殿裡的小販，因為他們將神聖的宗教淨地當成了市場，他還推倒了各式攤販的攤子。「於是猶太人便問耶穌說：『你能對我們顯出些什麼神蹟？好證明你有權柄這麼做？』耶穌答道：『拆毀這座聖殿，我三日內就可以把它重建起來。『這座聖殿花了四十六年才蓋好。就憑你？你三日就可以重建好？』他們這麼問耶穌。殊不知耶穌所指的聖殿，乃是祂的身體。」（〈約翰福音〉第 2 章第 18-21 節）

在接下來的《新約》中，未來會成為使徒的保羅被主耶穌所傷，成了盲人，也是在三日後，主耶穌才讓保羅重見光明，從此終身以傳揚基督福音為職志。④

總是會在第三日出現決定性的結果，從而有了新開始！

6 的驗算

在《聖經》數字象徵裡面，6 及其衍生出來的數字都佔有重要地位。首先，6 就是個「完全數」，也就是說 6 所有因數（自己除外）的總和，剛好等於自己（1+2+3=6）。

6 當然也會直接讓人聯想到創世的第六日，人就是在那日才出現的，這就是為什麼 6 經常是個代表人的數字。6 是創造的總和，也是所有地面萬事萬物之總和。

而 36 則是 6 的四角數⑤，也是 8 的三角數⑥（1+2+3+4+5+6+7+8=36）。

但是，在介紹 8 的時候，我們常會提到第八日，繼創世的那週之後，8 代表人在新的一週的起點。8 同時也是（或者更是）新世界來臨的宣告，尤指自大洪水和諾亞方舟之後。在那個家喻戶曉的故事裡，《聖經》詳述了方舟內的人數：共八個人所組成的諾亞一家。世界就是靠著這八名躲在方舟內的倖存者，才得以重新開始。

若要再多補充點象徵的話，那麼我們就會想到小貝比就是要在出生後第八日行割禮的（〈利未記〉第 12 章第 3 節）。

此外，當希西家王決定潔淨神殿，莊嚴回到上帝身邊時，有人告訴他：「當月第八日，他們（司祭）清到耶和華殿裡的前廳去，又花了八日工夫，整座耶和華的殿方清理完畢。」（〈歷代誌下〉第 29 章第 17 節）。

耶穌復活後的第八日，出現在多瑪面前，門徒不敢相信耶穌竟然真的死而復生的這個奇蹟！

我們還是回到 36 這個數目吧！就作為 6 的四角數而言，36 代表創世整個都完成了；就作為 8 的三角數來看，36 則代表太初或完美的重新開始。

從36開始，6又衍生出了別的數字：666，它正是36的三角數，代表創世尾聲，未來世界困難起步，所要遭遇種種危機的時期。

打從〈啟示錄〉的一篇經文起，666便出了大名，成了魔鬼和所有來自於魔界撒旦的同義詞。〈啟示錄〉作者預測世界末日，指出如何辨認惡魔起源：「智慧便在於此。凡有智慧者，皆可計算獸的數字。因為這是個人的數字，而獸的數字就是666。」（〈啟示錄〉第13章第18節）

6也是另一個在《聖經》中相當常見的數字12的基礎，例如：以色列的12個兒子、以色列的12支派、12名使徒、新耶路撒冷的12道門。

12是3的長方數⑦（3x（3+1））。3的整體與上帝有關（聖三：聖父、聖子、聖靈）；3也代表著垂直性（甚至對巴比倫人也一然，因為他們也提到天空、地面，還有介於兩者間的那個空間）。4——因為它代表著接觸到水平狀態的東南西北四大基本方位，故而象徵創造（更不用說圍繞著伊甸園的那四條河了）。3和4相乘等於12，可是3和4相加則得到7，象徵著全然完美。但象徵完整的單位，則是60這個數字（6的又一衍生數字），而60的五分之一就成了12。根據〈啟示錄〉記載，世界人口的五分之一是最後得救人類的象徵性比例。

12的四角數是144。這個數字對《聖經》讀者而言似乎沒什麼特別的意義——除非它乘上了1000（象徵無限），那麼就會等於 144000 ——世界末日時得救人類的數目。這 144000 被選中得救了的人，某些人會考慮到字母（比數字更具象徵性），代表神和天空的數字 3 和標示世俗和地球的數字 4，以及象徵上帝的無限寬廣的數字 1000，於是就成了：〔(3x4) x (3x4)〕x1000。倘若想繼續討論得救人數的象徵性的話，那麼就有必要先對〈約拿書〉做個回顧。先知的使命便是拯救人民，約拿預言中所提到的相關人數的數目——也就是說上帝的數目——是 120000 人⑧，按字面來看的話就是「10000 個 12」，也就是「數不清的 12」，因為 10000 等於 10x1000 ！

前面我們已經把 6 和 8 聯想在一起過，但是我們也可以把 6 和 7 聯想起來，不僅是連接第六日和第七日的創世，也因為這兩個數字相乘會算出 6 的長方數 42（6x（6+1）=42）。

〈馬太福音〉第 1 章第 1-17 節中所介紹的耶穌家譜，耶穌就是自亞伯拉罕以來的 42 代。耶穌家譜包括了：從亞伯拉罕到大衛共有 14 代，從大衛到遷至巴比倫共有 14 代，從遷至巴比倫到基督又有 14 代。所以就可得出 3x14。為了較容易看出我們舉的例子中的 6 和 7 的關聯，所以我們會比較希望以 6x7 來替代 3x14，可是從上面馬太所列的耶穌家譜上便可看出，他棄而未用 6x7 這種表示法。其實，他是為了強調耶穌是大衛的後裔，方以大衛為基準，列出 14 這個數目。的確，大衛（David）這個名字的字母整體的「值」如下：

DWD = 4+6+4=14。我們等等會再提到希伯來字母所對應的數字的「值」。

而〈啟示錄〉作者提到來自世界各地的人士都齊聚耶路撒冷，42 這個數目又出現了，因為那些外邦人會踐踏聖城 42 個月（〈啟示錄〉第 11 章第 2 節）。

黃金比例

在《聖經》裡，40 這個數字還有另外一個重要的象徵，代表著經過相當長的醞釀期去準備某一具決定性的大事。一般而言，指的是檢驗時期。「40 天」⑨這個說法就帶有檢驗的影子，指傳染病盛行時的檢疫隔離期。

《聖經》首度提到 40 這個數目時，是在提到大洪水持續天數的時候。後來，在〈出埃及記〉時代，希伯來人在摩西的帶領之下，在到達應許之地迦南前，在荒野間顛沛流離了四十年。此外，摩西曾在荒野中的西奈山上禱告了四十日，然後才又下山，回到人民身邊，著手寫出上帝之「十誡」(「律法」或「十言」) ⑩。

而當先知以利亞心情盪到谷底時，也是走了四十日後，受到上帝鼓勵，才有了新的開始⑪。

《新約》從最前面幾頁起就寫到，耶穌在公開從事聖職前，就先在曠野中度過了四十日。而基督就是在這片曠野中，還有在曠野中齋戒及禱告的期間，曾受到魔鬼三次試煉。〈福音書〉也寫到復活節與耶穌升天日之間相差四十天。

最後，提醒大家一下「封齋（carême）」這個詞本是拉丁文，拉丁文的原意就是 40。「封齋」就是某些基督徒家庭準備慶祝復活節的那四十天。

要是按著《聖經》——《舊約》或《新約》皆然——逐篇經文去討論每個數字和數目的意義，這麼做可就失之枯燥了。在下一章裡，我們會討論得更細一點，繼續這個連最沒好奇心的人都會有興趣的大探索。但在本章的泛泛之談中，我們還得提出一個神奇、完美、深具象徵意涵的數目，因為它代表著全然和諧、理想與完美，那就是——黃金比例的數目。

曾是專家學者與建築師機密的這個理想與和諧的比例，當然也就成了個令人悠然神往的傳奇之一。更精確地說，這個方程式是從十五世紀起被定出來的，而且還以無理數 1.618 或其倒數 0.618 來表示。若依照《聖經》的說法，黃金比例可以記為分數形式的 3:5 。

諾亞方舟的尺寸就是按照這個比例的（長 300 肘，寬 50 肘，高 30 肘），那艘怪船的寬度與高度，我們發現其比例的確是 30:50，也就是說比值為 0.6（黃金比例 1.6 的倒數）。

那麼方舟的長度（300 肘）又該怎麼說呢？除了是所羅門宮殿長度的三倍以外，就沒什麼特別的了。但是，所羅門宮殿長 100 肘，寬 50 肘，高 30 肘（〈列王記上〉第 7 章第 2 節），寬度和高度又符合黃金比例了。〈出埃及記〉中便有記載 Tabernacle（作為祭祀地點之帳幕）中的祭壇之明確尺寸

（〈出埃及記〉第 27 章第 1 節）：長寬皆為 5 肘，高 3 肘。我們當然很清楚地又看到了 3:5 的比例 。

《聖經》裡面有很多雙關語，我們也已經舉出過好幾個了，《聖經》會玩些文字遊戲，有時候，《聖經》還讓我們想起好多有象徵性的數目。這在在的一切不僅是為了讓經文風格更為豐富多樣，也藉此提出了可茲參考的標記，從而指點後世在理解經文上之迷津。透過數目這個新語言，有助於讀者理解經文中的種種暗喻，對經文可有番新領悟。有鑒於繼續充實《聖經》知識之需，以及增加有待解碼謎題之況味，倘若略而不提數字與數目，那會是件很可惜的事。但有時候解碼愛好者會走火入魔，所以最好避免因噎廢食，切莫忘了經文本身方是。

下一章中，讀者諸君便可看到想像力可以多麼無遠弗屆，預料可以多麼「神準」，準到跟終極真相似的！

①指每邊為 4 的正三角形，其總和為 10。(圖例：∴∴)

②Gnomon，在作四角數和長方數時，可以用和角尺一樣的圖形。這種角尺狀圖形，數學上稱為磬折形，其中表示的數便稱為磬折形數。Gnomon 原指一根直立的杆，觀測日影的位置以定時刻，也就是日晷。後來和水準尺連起來，構成一個畫直角的工具，同時也可以測日影。

③《舊約聖經》共有三十九卷，分為摩西五經（律法書）、歷史書、詩歌智慧書及先知書四大部分。其中詩歌書的原文都是以詩辭歌賦體裁所寫成的，又分為下列五卷：〈約伯記〉、〈詩篇〉、〈箴言〉、〈傳道書〉和〈雅歌〉。

④可參考《新約．使徒行傳》第 9 章第 1-18 節。

⑤Le carré，能排列出正方形的數叫做四角數，四角數構成了平方數。若以 Sn 表示第 n 個四角數，則數學式就是：Sn=n2。

⑥Le chiffre triangulaire，設以 Tn 來表示第 n 個三角數，則 Tn 就等於 1、2、3…n 個自然數的和，把它列成數學式就是：Tn=1+2+3+…+n。

⑦Le chiffre rectangulaire，與四角數相對應，若從 2 開始，只把偶數加起來就變成所謂的長方數，長方數也叫矩形數。以 Rn 表示第 n 個長方數，它的數學式就是：n=2+4+…+2n=n（n＋1）。

⑧見《舊約．約拿書》第 4 章第 11 節。

⑨La quarantaine，原意為「四十」、「四十左右」。法國檢疫隔離的期限原為 40 天，後延用為「檢疫隔離期」。

⑩有關「摩西十誡」，請參閱〈出埃及記〉第 20 章第 1-17 節。

⑪見《舊約．列王記上》第 19 章。

14 數字與玄機（下）

一旦某個訊息暗藏玄機，就會引起眾人解密的慾望。但這不是沒有風險的，殊不知揭開神祕面紗後所得到的覺醒與光亮，更會讓許多超於尋常的光怪陸離現象無所遁形。明知無法盡窺全貌，咱們還是可以藉由幾條線索去一探究竟……

我們在這一章中會花一點時間看一下《聖經》的數字和數目，隨著一頁一頁往下閱讀經文，箇中奧祕實在令人嘖嘖稱奇。

先從一則軼事開始說起。身為新聞工作者的筆者，有一天採訪了理查·溫布藍 （Richard Wurmbrand），他是羅馬尼亞牧師，曾在齊賽斯庫（Ceasescu）監獄待過三十九年。他被逮捕的那天，是在路上被祕密警察帶走的，然而在警察團團包圍之下，他卻開始微笑。警察深感困惑，問他有什麼好笑的。那位牧師解釋說，就在當天早上，他才自問《聖經》為什麼出現了 366 次別怕這個說法！被逮捕當天正是二月二十九日，所以溫布藍剛了解到：一年裡面有幾天，《聖經》裡面就會出現幾次「別怕」，連他被逮捕的閏年也包含在內！

這位羅馬尼亞牧師讀經及他所串解的義理來自於他當下的親身經歷，但——那真是《聖經》作者所想傳達的意思嗎？沒有人知道。不過，多虧了那個義理，溫布蘭才得以安然渡過牢中的瘋狂歲月，不至於沉淪。也就是說，他讀的經文是對他有幫助的！

魚和餅

〈福音書〉中有一則神奇的打魚故事。〈約翰福音〉中寫道，有一天，漁夫彼得和同行們打魚打了一整夜，卻一無所獲。到了凌晨，耶穌從湖邊①過來，鼓勵他們再灑一次網……奇蹟出現了！雖然裝了滿滿一網子魚，可是網卻沒被撐破，令人難以置信。彼得非常高興，收了網，到岸上一算，共有 153 條魚（〈約翰福音〉第 21 章第 11 節）。

福音傳教士會把數字寫得這麼清楚，很令人驚訝；話說回來，彼得竟然會花時間去一一計算共有多少漁獲，這點也頗令人訝異。這就是為什麼 153 條魚引起了許多人好奇，並希望能找出解釋。於是某些專家便聯想到：153 這個數目就是《新約聖經》原文中出現 *grâce* ②這個字眼的次數。實在是太奇妙了！奇蹟宛如恩典般美好！所以我們得心領神會這則訊息所透露出來的全部義理，以接受耶穌透過此訊息所傳達之恩澤。

聖・奧古斯汀③則提出了另外一種見解，因為他看出了這 153 條魚帶著託付予彼得的使命（耶穌對彼得說：我要你當個「得人漁夫」！）：魚就是被彼得「捕獲」的人，而彼得則代表教會。

可是聖・奧古斯汀還進一步指出 153 這個數字是 17 的三角數（1+2+3+4+5+6+... 16+17=153）。

我們還得樂於去看一下古代排成三角形的小石頭，第一排 1 顆石頭，第二排 2 顆，第三排 3 顆……第十七排 17 顆。

最前面兩排形成一個三角形，成為基石④以及萬事萬物皆遵奉的三一律。

接下來的三排（3,4,5）合計為 12，這代表著「源自於」創始三角形的使徒們。

接下來的十二排，也是最後幾排（從 6 到 17），象徵著教會，而教會則「源自於」十二名使徒的使命，而他們本身也奠基於基石之上。整個加起來，共計有153條魚。

還可以注意的一點是，但沒有明顯的關聯，最初在羅馬受到迫害的基督徒，曾經採用過一個祕密標誌作為集會暗號——就是一條經過設計的魚。那條魚有可能是來自於對那次神奇打漁的記憶，但也可能——而且尤其是——一個變位字的結果：耶穌基督，神子，救世主。在希臘文中，上面這些稱呼中，每個字的首寫字母合起來就會形成一個字：*Ichthus* ⑤……就是魚的意思！

我們既然提到魚，乾脆更進一步去看看另篇〈福音書〉的經文好了，裡面有好些數字，不是光算算就好了呢！

我們要談的就是餅和魚變多的奇蹟。餅和魚的這段跟神奇的打漁一樣都很有名，而且箇中出現的數字也暗藏玄機。

茲抄錄〈馬太福音〉相關記載如下：

「晚上到了，耶穌的門徒靠近他，對耶穌說：『天色已晚，加上這個地方又偏僻，還是派所有的人到村裡去買些東西吃吧！』耶穌回說：『他們不用去了；你們自己給他們東西吃吧！』門徒卻對他說：『可是我們只有五塊餅和兩條魚。』耶穌說：『拿來給我。』接著，便要大夥兒都坐在草地上。只見耶穌拿起了那五塊餅和兩條魚，仰望天空，感謝上帝。然後就把餅掰開，分給門徒，門徒就拿去分給大家吃，每個人都吃了個飽。把剩下的零碎收拾起來，還裝滿了十二個

籃子。吃的人，不算婦女與兒童，共計約五千。」（〈馬太福音〉第 14 章第 19-21 節）

5 是個代表將成事實的數目，我們可以在 2x5=10 裡面發現這點（指尚不完整的全部），在 12x5=60 的運算中（猶太人以 60 為計算進位法，同時也是閃族文化的基礎）亦然。5 代表一個尚未被察覺的現實。5 標示著部分人類，根據〈啟示錄〉經文記載，這部分的人類注定必得救贖。

於是就有了用來餵飽 5000 人的 5 餅，透過〈啟示錄〉的解釋，那 5000 人便是得到了「救贖」。因為 5000=5x1000，所以 5000 就代表「許多」的意思。

還有一點值得一提的就是：耶穌是在經過好長一段時間對人民的教誨後，先給與他們精神食糧之後，才給他們五餅。跟精神食糧相比之下，餅是相當物質性的，但「五餅」卻自動與生活教誨連在一起了：《摩西五經》，也就是說《舊約聖經》的前「五」章。

這五餅也讓我們想起另外還有個 5。〈約翰福音〉裡提及耶穌遇到了一名撒瑪利亞婦人，該名婦女感情與宗教上雙雙受挫。經文中寫到她有過五個丈夫，而且目前跟她住的還不是她的丈夫！須知耶穌時期的撒瑪利亞人就是受到虔誠猶太人排擠的閃族人，因為猶太人認為撒瑪利亞人的心靈不純淨。但是，撒瑪利亞人的文化裡只承認《聖經》前五章：《摩西五經》。那名撒瑪利亞婦人的五個丈夫無疑就是《摩西五經》的那五本經書的象徵，代表著已經不屬於她生命中的一部分了。

不管怎麼說，耶穌都擴大發揮了五餅二魚的功效。這兩條魚是愛的標誌，因為那就是 2 這個數字的最初意義。雙雙對對方能繁衍；2 等於幫生命背書。

以上我們解讀了可以餵飽 5000 人（還不算婦女跟小孩）的五餅二魚的意義。還剩 12 個籃子有待研究；12 這個數目代表為數眾多，象徵人類整體。

其意義十分清楚：基督的精神及物質食糧的目的都在於充分哺育全世界。

不過，在〈福音書〉中，裡面也有兩篇餅變多的經文。對某些讀者來說是同一則故事，只不過敘述方法不同。但某些人卻認為它們涉及了兩則不同的故事，而且箇中象徵也各有不同。

其中一篇提到有 5000 人，因耶穌的神奇舉動而蒙受其利，而且剩下的零碎還裝滿了 12 個籃子。另一篇經文中（〈馬太福音〉第 15 章第 29-38 節），則有 4000 人，剩下的零碎則裝滿了 7 個籃子！

就算人數算錯了（一篇是 4000 人，一篇是 5000 人），那麼剩下籃子的數目也不太可能會算錯（7 和 12 個籃子）！

在第一篇裡，5 和 12 都有相當精確的意義，意圖也很明顯。在第二篇中，4 和 7 也各有意義：4 代表世界，因為它是人類的標誌，7 則代表全部的完美。4 乘以 1000，則還是很充足的形象。

在這兩篇食物變多的經文中，每篇都還有一個細節值得一提。第一篇（5 和 12 的那篇）指明了因五餅二魚奇蹟而蒙利的那些人就是圍在耶穌身邊，跟隨耶穌，甚至對他亦步亦趨的那一群人。他們帶有追隨上帝的前提，是一些匯集在一起的信徒，並有彰顯基督、發揚教義的使命。

在第二篇裡，人群則是由那些去看耶穌的人所形成的，他們帶了病人、聾人、盲人到耶穌跟前……此處，他們再也不是信仰上帝的人了，而是一般的平民老百姓，透過 4 去象徵那是群凡夫俗子（來自於地平線之東南西北四方），至於 7 呢？則是人與上帝間的聯盟，而且表達出那些平民是向上帝求和的人。

因而，這兩個食物變多的情況，看似雷同，經文中的象徵與數字解讀實則不同，而且彼此互補。

在同一條船上

《聖經》中提到因為訊息而得救的人，也就是說因為上帝聖言與行動而得救的人，會用到好幾種象徵性去表現這些人群。我們剛剛也看到了耶穌多次讓餅變多而嘉惠於人。在本書的第十三章中，提到先知約拿在魚腹中，還有他對尼尼微人所預言得救的人數時⑥，我們也各指出過了其象徵意義。

但是，在《新約．使徒行傳》中，在經歷了一場駭人的暴風雨後，想拯救一艘船卻很困難。這篇經文出於〈使徒行傳〉第 27 章，十分扣人心弦。由於這篇經文中細述水手遇到海難時的行為，是在《聖經》任何篇章中都找不到的，所以許多專家鉅細靡遺地分析了經文中的每個字。可是作者除了對航海技術所提供的資訊外，還提出了奇怪的象徵標誌。以下便是當時情景：使徒保羅遭到逮捕，而且必須被押往羅馬當權者的面前。於是他便被押解上了一艘小船，中途卻遇上了重創地中海區域的暴風雨，船在海上載浮載沉，人人自危，唯恐無法活命。只見保羅在上帝的指示下，邊安撫那些人，邊提出一個驚人的計畫。在此將該段經文摘錄如下，有請讀者諸君自行判斷：「太陽即將升起之際，保羅邀請全體進食，他說：『到今天為止，你們已經擔心受怕了十四天了，而且什麼都沒吃。所以我才請你們吃點東西，想得救，就得吃東西。因為，你們每個人就連根頭髮都不會受到傷害。』邊說這些話，保羅邊在眾人面前拿了餅，祝謝上帝，然後就不說話了，開始吃了起來。眾人因而又有了勇氣，也吃將開來。我們當時共有兩百七十六人同在一條船上。」

故事接下來就開始敘述全體人員是如何把船划到馬爾他島沿岸，終於真的獲救了。

雖然這是《新約》其中一篇最動人、最美麗如畫的敘事，其實它也暗藏著一些有待解碼的跡象。

暴風雨持續了 14 天，兩週，也就是說創世所花的一週時間的兩倍。所以 14 天就象徵著歷經某段時間後的重新出發。

接著還有經文中指明了船上的人數：276。

稍微作點運算，不用花什麼腦筋就會發現 276 跟 12 還有 66 有關。

66，不僅是個介於代表人的 6 和代表魔鬼的 666 間的數字，在此也是可以有好幾種解讀方式的謦折形數。

再加上，12 的三角數是 78（1+2+3+4+5... +11+12=78），而 12+66=78，12 的四角數是 144（如果把 144 這個數字乘以 1000 的話，就成了〈啟示錄〉中所說最終會得救的人類的象徵性數字）。

如果我們依下列邏輯：12+66=78；78+66=144；144+66=210；210+66=276 加以演算的話，又會進一步得出 12 的六角數便是 276。

12 加上 4 個 66，就會得出船上獲救人數的數目：276。

再提醒一下，4 是代表人類的數字，12 則代表很多人，66 則是象徵人的數字 6 的重複！以上我們提到 276 這個數目的種種可能演算，實非偶然兩字所能解釋的。

筆者在此就再提出一個跟數字並沒直接關聯、卻也毫不平庸的意象以供讀者參考。從有《新約》起，教會就象徵性地以航行在波濤洶湧的怒海的船作為標誌。《聖經》中也常出現「船」的影像，不僅在前面我們提到的〈使徒行傳〉裡，也出現在約拿去向尼尼微居民傳道的時候。甚至連相當知名的那段，就是耶穌出現在暴風雨中，他跟門徒都在大浪滔天的湖中的小船上的那段也一樣，門徒的叫聲就非常清楚：「救救我們，我們快死了！」

注意，荒謬的蠢行！

很明顯，探索數目與數字該如何詮釋有可能會造成對讀本的牽強附會、為解釋而解釋、有計畫的操弄。一旦研究起象徵來，什麼都可能發生，這也包括了會得到反效果。

不過有一點是最無庸置疑的，那就是被詮釋得最多的數字就是666。自從這個數字跟罪惡、魔鬼、撒旦連在一起後，所有扯得上邊的線索都派上了用場。但出乎我們意料之外，《聖經》提到666的次數卻很少，而且就連那少數有提到的幾次經文，彼此之間也並不見得就能互相應證。

所以我們會看到所羅門王每年都會得到666塔蘭⑦重的黃金（〈列王記上〉第10章第14節）。在〈以斯拉記〉第2章中，並沒囉囉唆唆一一列舉被擄到巴比倫的受害者，僅僅記載亞多尼干（Adonicam）子孫共有666人。但有關666這個數字的最重要經文還是〈啟示錄〉第13章第18節：「加以辨別的時刻到了：凡有智慧者，便可看出獸的數字，因為那是人的數字；而獸的數字則是六百六十六。」

這頭「獸」是人類最大的威脅。〈啟示錄〉寫到辨別出獸來成了首要之務，好自我保護，也顯示666就是辨認出「獸」的標記。因為666似乎無所不在，令人驚駭！666這個「獸」的數字實際說起來並不能算〈啟示錄〉作者約翰發明的，666 早就存在於許多宗教中了，但卻或多或少都帶有較為正面的神祕象徵。所以我們可以看到巴比倫教士帶著一種六格乘六格的護身符，每一格裡都有一個數字，每個數字都各不相同（總計共有從 1 到 36 等數字），而且數目的總和，無論直的、橫的，或是對角線，總和都是 111（因為重複 3 個 1，象徵三倍完美）。然而直排六個數目的總和和橫排六個數目的總和都會是 666。羅馬人的數字是以字母形式表達的，可是，羅馬數字中的前六個數字之總和也是 666：

I+V+X+L+C+D = 1+5+10+50+100+500=666

在約翰寫下〈啟示錄〉的年代，那時初期的基督徒是遭到迫害的，尤其在羅馬。難道尼祿不會把放火燒了永恆城市羅馬的責任推到這些基督徒頭上嗎？對基督徒而言，想彰顯其信仰益顯困難，所以才會躲在羅馬地下墓穴聚會。地下化不僅對基督徒的文化交流不可或缺，同時也更得小心這些交流遭到告發攔截。

這個殘酷事實也造成了〈啟示錄〉有時會稍顯晦暗的特性。沒錯，約翰想鼓勵基督徒去對抗迫害，他希望對讀者表達最後的勝利將會證明基督徒的選擇是對的。他也指出壓迫他們的人終會受到審判和譴責。他無法光明正大地寫（何況他被放逐到拔摩島上還受到監視），只有用了好些當時讀者可以毫無障礙便可瞭解的密碼。

因而，那頭可怕的「獸」絕對暗藏著尼祿的身影。沒錯，凱撒尼祿（希伯來文是 NRWN QSR）的名字數值之總和就是 666。這個名字的希伯來文子音的數值如下：

N=50；R=200；W=6；Q=100；S=60

由此得出總和：50+200+6+50+100+60+200=666

稍微提醒一下：尼祿是羅馬第 6 任皇帝，頭銜為凱撒。應該會有幫助！

可是每個朝代都會有像尼祿般的暴君。倘若我們將德文字母表中的第一個字母 A 的值定為 100、B 的值為 101、C 的值為 102……依此類推，希特勒（Hitler）這個名字中的每個字母所對應的值的總和就會成為 666：

hitler = 107+108+119+111+104+117=666

所以我們又會想去找找看還有沒有別的偶然。希特勒和史達林曾於 1946 年 8 月 24 日簽署過「德蘇互不侵犯條約」，並於同月的 26 日生效，但卻於 1941 年 6 月 22 日告吹。這個毫不嚴謹的條約正是持續了 666 天！再舉個最近的例子，那就是薩達姆．海珊（Saddam Hussein），他也可以有「獸」的數字：得先把他的名字轉換成希伯來文，跟據悉希伯來字母所對應的數值得出 Saddam（S 在希伯來文中是 Samekh）和 Hussein 兩字轉成希伯來字母後所對應的值的總和都是 666 ⑧。

同樣演算拿來算拿破崙（Napoléon），結果也一樣，也是 666 ！

可是這些演算有時很令人驚訝，而且箇中的意涵更透著怪異。我們可以拿扔到廣島的第一顆原子彈來做參考，那天是 1945 年 8 月 6 日，當時的日本天皇裕仁正是日本第 666 位天皇。根據傳說，日本首位天皇是仙女與凡人的結晶，出生於裕仁天皇之前的 13320 年。若以一個世代為二十年去計算，那麼 13320 除以 20……又等於 666！歷史再度重演，或者可說我們是以它的方式在進行，被它牽著鼻子走，許多研究專家都注意到了。再舉個例子好了，教皇若望保祿二世有次出訪匈牙利時，當時的座車車牌號碼就是 666。而負責將法國已過世的總統密特朗的遺體從飛機場運到墓園的靈車，車牌號碼又是這個數字── 666！

重搖滾流行樂團常喜歡用到 666，電影界也很喜歡這個飽富象徵意味的數字。

網際網路的使用者都得先打 www 才能建立網路。希伯來文中，W 對應 waw 字母，跟 U、V 和 W 等效，其值為 6。也就是說，我們上網時，老是得不停地跟 666 打交道！

我們還可以說得更遠一點，會更令人毛骨悚然。法國字母表中的第六個字母是 F。法國足球聯盟（la Fédération Française de Football）的首寫字母縮寫為 FFF，也就是說 666。再加上，法國是在 1998 年贏得世界盃足球賽冠軍的，也就是說 3x666。

最後舉出這個例子，比其他的例子更能凸顯出：倘若說《聖經》真有透過數目與數字傳達些什麼訊息，那麼《聖經》也會帶來許多怪異荒誕的解讀及詮釋。只要事先就決定要讓某篇我們想找到蛛絲馬跡的經文會說話，總是可以靠著荒謬的穿鑿附會和種種小動作找得到。

其實，警示大家去了解「獸」有多可怕與恐怖的經文，〈啟示錄〉中僅出自《聖經》中的一小段；「獸」就是出現在第 13 章第 18 節。某些人認為，甚至連此章節編號本身都是個徵兆。沒錯，13 是象徵死亡的數字，18 則等於 3x6：還是 666 ！

但是諸如此類的說法是很難站得住腳的，因為《聖經》經文的章節編號遠比經文本身出現的時代晚很多。比方說想找出〈約翰福音〉第 6 章第 66 節有什麼特殊意義好了，簡直就是荒謬。難不成〈啟示錄〉的作者約翰連在〈約翰福音〉中都有設置密碼、暗藏玄機嗎？那才真的……怪了……噫？再想一想，搞不好真的有噢：「從此，他門徒中多有退去的，不再和他（耶穌）同行。」

* * *

並非因為有時讀經會讀到些怪異篇章或某些《聖經》密碼的緣故，所以我們就該拒絕去發掘《聖經》中所蘊藏的信息。姑不論是以傳統式、象徵意味、心理分析或數字為出發點去讀經，均應懂得謹慎與謙卑。

《聖經》並非是部每個時代都穿鑿附會出一些意義的典籍；《聖經》是座啟示你我的寶庫。

①通譯本均做「海邊」。但此處翻譯從本書作者之「湖邊」。

②法文中的 grâce 即英文的 grace 之意，作祝福、恩惠、恩典、慈悲等解。

③Saint Augustine （354~430），出生於北非的羅馬公民，後成為主教。其著作《懺悔錄》中有很多為神學和基督教義辯護的內容，還幫《聖經》做了許多注釋。

④法文中的「基石」為 pierre angulaire，而法文的「彼得」則寫作 Pierre。

⑤Ichthus =Iesous CHristos THeou Uios Soter。I=Jesus（耶穌），Ch=Christ（基督），Th=Theou（上帝的），U=Uios（兒子），S=Soter （Saviour）（救世主）。

⑥見《舊約·約拿書》第 4 章第 11 節。

⑦Talent，古希伯來、古希臘等的重量及貨幣單位。

⑧算法如下：Saddam = Samekh + Aleph + Daleth + Aleph + Mem = 60+ 1+ 4+ 1+ 600 = 666。Hussein = Heh + Vau + Shin+ Shin + Heh + Nun = 5 + 6 + 300 + 300 + 5 + 50 = 666。

參考書目

基於寫作本書所需，筆者參考了十餘種不同版本的《聖經》。茲列出其中最具代表性的幾部如下：

Bible de Jérusalem, Édition de références avec notes et augmentée de clefs de lecture. Fleurus-Le Cerf, 2001.

La Nouvelle Bible Segond, Édition d'études. Alliance Biblique Universelle, 2002.

La Bible expliquée, Alliance Biblique Universelle. 2004.

La Bible, traduite et présentée par André Chouraqui. Éditions Desclée de Brouwer, 1989.

La Bible Thompson avec chaînes de références et articles théologiques. Éditions Vida, 1990.

La Bible en français courant. Éditions Alliance Biblique Universelle, 1982.

其他參考資料：

À Bible ouverte – *La Genése ou le livre de l'homme.* Josy Eisenberg et Armand Abécassis. Éditions Albin Michel, collection Spiritualité vivante, 2004.

Au commencement, François Castel. Éditions du Centurion,

1985.

La Bible à la lumière de l'archéologie, J. A. Thompson. Éditions LLB, 1988 .

Biblia – Colleciton de revues publiées aux Éditions du Cerf.

Éden et la quête d'immortalité. James Barr. Éditions Le cerf, collection Lire la Bible（n° 107）, 1995.

L'Égypte intérieure*, ou les dix plaies de l'âme.* Annick de Souzenelle. Éditions Albin Michel collection Espace libre（n° 74）, 1997.

Les esprits, est-ce que ça existe ? Sous la direction d'Alain Houziaux, ouvrage collectif d'YvesDulac, Ahmed Eleuch et Curille Javary（Questions de Vie）aux Éditions de l'Atelier, 2005.

Et couple il les créa. Karin Heller. Éditions Le cerf, collection Lire la Bible（n° 112）, 1997.

Un étranger sur le toit, *Les sources midrashiques des Évangiles.* Maurice Mergui. Éditions Nouveaux Savoirs, 2003.

Gilgamesh. *Documents autour de la Bible.* Florence Malbran-Labat. Éditions du Cerf, 1992.

Histoire biblique du peuple d'Israël, André et Renée Neher. Librairie d'Amérique et d'Orient –Adrien maisonneuve. Nouvelle édition de 1988.

Introduction au Talmud. Adin Steinzeltz. Éditions Albin

Michel, 2002.

Le Jardin d'Éden. Daniel Louys. Éditions Le cerf, collection Lire la Bible（n°95）, 1992.

Morts, fantômes et revenants. Dominique Besançon. Éditions Terre de Brume, 2000.

La Nouvelle Bible déchiffrée. Ouvrage collectif. Édiions LLB-France, 2003.

Le sacrifice interdit, *Freud et la Bible.* Marie Balmary. Éditions Grasset, 1989.

Le symbole, Baudouin Decharneux et Luc Nefontaine. PUF, collection «Que sais-je ?», 1998.

國家圖書館出版品預行編目資料

聖經大祕密／埃里克・戴尼馬勒（Éric Denimal）；繆詠華譯.—— 初版. ——臺中市　：好讀, 2007[民96]
面：　公分，——（發現文明 ；34）

ISBN 978-986-178-059-7（平裝）

1.聖經故事

241　　96016239

好讀出版

發現文明 34

聖經大祕密

作　　者／埃里克・戴尼馬勒（Éric Denimal）
譯　　者／繆詠華
總 編 輯／鄧茵茵
文字編輯／陳詩恬
美術編輯／賴怡君
行銷企畫／許碧真
發 行 所／好讀出版有限公司

台中市407西屯區何厝里19鄰大有街13號
TEL:04-23157795　FAX:04-23144188
http://howdo.morningstar.com.tw
（如對本書編輯或內容有意見，請來電或上網告訴我們）
法律顧問／甘龍強律師
承製／知己圖書股份有限公司 TEL:04-23581803

總經銷／知己圖書股份有限公司
http://www.morningstar.com.tw
e-mail:service@morningstar.com.tw
郵政劃撥：15060393 知己圖書股份有限公司
台北公司：台北市106羅斯福路二段95號4樓之3
TEL:02-23672044　FAX:02-23635741
台中公司：台中市407工業區30路1號
TEL:04-23595820　FAX:04-23597123

初版／西元2007年9月15日
定價：250元
如有破損或裝訂錯誤，請寄回知己圖書更換

Published by How-Do Publishing Co., Ltd.
2007 Printed in Taiwan

ISBN 978-986-178-059-7

讀者回函

只要寄回本回函，就能不定時收到晨星出版集團最新電子報及相關優惠活動訊息，並有機會參加抽獎，獲得贈書。因此有電子信箱的讀者，千萬別吝於寫上你的信箱地址

書名：聖經大祕密

姓名：＿＿＿＿＿＿＿＿ 別：□男 □女　生日：＿＿＿年＿＿＿月＿＿＿日

教育程度：＿＿＿＿＿＿＿＿＿＿＿＿＿＿

職業：□學生　□教師　□一般職員　□企業主管

□家庭主婦　□自由業　□醫護　□軍警　□其他＿＿＿＿＿＿＿＿＿＿＿＿

電子郵件信箱（e-mail）：＿＿＿＿＿＿＿＿＿＿＿＿＿ 電話：＿＿＿＿＿＿＿＿＿

聯絡地址：□□□ ＿＿＿＿＿＿＿＿＿＿＿＿＿＿＿＿＿＿＿＿＿＿＿＿＿＿＿＿

你怎麼發現這本書的？

□書店　□網路書店（哪一個？）＿＿＿＿＿＿＿＿＿＿ □朋友推薦　□學校選書

□報章雜誌報導 □其他＿＿＿＿＿＿＿＿＿＿＿＿＿＿＿＿＿＿＿＿＿＿＿＿＿＿

買這本書的原因是：＿＿＿＿＿＿＿＿＿＿＿＿＿＿＿＿＿＿＿＿＿＿＿＿＿＿＿

□內容題材深得我心 □價格便宜 □ 面與內頁設計很優 □其他＿＿＿＿＿＿＿

你對這本書還有其他意見嗎？請通通告訴我們：

＿＿＿＿＿＿＿＿＿＿＿＿＿＿＿＿＿＿＿＿＿＿＿＿＿＿＿＿＿＿＿＿＿＿＿＿＿＿

你買過幾本好讀的書？（不包括現在這一本）

□沒買過 □1～5本　□6～10本　□11～20本　□太多了

你希望能如何得到更多好讀的出版訊息？

□常寄電子報　□網站常常更新　□常在報章雜誌上看到好讀新書消息

□我有更棒的想法＿＿＿＿＿＿＿＿＿＿＿＿＿＿＿＿＿＿＿＿＿＿＿＿＿＿＿＿

最後請推薦五個閱讀同好的姓名與E-mail，讓他們也能收到好讀的近期書訊：

1.＿＿＿＿＿＿＿＿＿＿＿＿＿＿＿＿＿＿＿＿＿＿＿＿＿＿＿＿＿＿＿＿＿＿＿＿

2.＿＿＿＿＿＿＿＿＿＿＿＿＿＿＿＿＿＿＿＿＿＿＿＿＿＿＿＿＿＿＿＿＿＿＿＿

3.＿＿＿＿＿＿＿＿＿＿＿＿＿＿＿＿＿＿＿＿＿＿＿＿＿＿＿＿＿＿＿＿＿＿＿＿

4.＿＿＿＿＿＿＿＿＿＿＿＿＿＿＿＿＿＿＿＿＿＿＿＿＿＿＿＿＿＿＿＿＿＿＿＿

5.＿＿＿＿＿＿＿＿＿＿＿＿＿＿＿＿＿＿＿＿＿＿＿＿＿＿＿＿＿＿＿＿＿＿＿＿

我們確實接收到你對好讀的心意了，再次感謝你抽空填寫這份回函

請有空時上網或來信與我們交換意見，好讀出版有限公司編輯部同仁感謝你！

好讀的部落格：http://howdo.morningstar.com.tw/

請填妥後對折黏貼，直接投郵即可，無須貼郵票。

好讀出版有限公司　編輯部收

407 台中市西屯區何厝里大有街13號

電話：04-23157795-6　傳真：04-23144188

沿虛線對折

買好讀出版書籍的方法：

一、先請你上晨星網路書店http://www.morningstar.com.tw檢索書目或直接在網上購買

二、以郵政劃撥購書：帳號15060393 戶名：知己圖書股份有限公司並在通信欄中註明你想買的書名與數量

三、大量訂購者可直接以客服專線洽詢，有專人為您服務：
客服專線：04-23595819轉230 傳真：04-23597123

四、客服信箱：service@morningstar.com.tw